MG
새마을금고

지역본부 직무적성검사

PREFACE

우리나라 기업들은 1960년대 이후 현재까지 비약적인 발전을 이루었다. 이렇게 급속한 성장을 이룰 수 있었던 배경에는 우리나라 국민들의 근면성 및 도전정신이 있었다. 그러나 빠르게 변화하는 세계 경제의 환경에 적응하기 위해서는 근면성과 도전정신 이외에 또 다른 성장 요인이 필요하다.

한국기업들이 지속가능한 성장을 위해서는 혁신적인 제품 및 서비스 개발, 선도기술을 위한 R&D, 새로운 비즈니스 모델 개발, 효율적인 기업의 합병·인수, 신사업 진출 및 새로운 시장 개발 등 다양한 대안을 구축해 볼 수 있다. 하지만 이러한 대안들 역시 훌륭한 인적자원을 바탕으로 할 때에 가능하다. 최근으로 올수록 기업체들은 자신의 기업에 적합한 인재를 선발하기 위해 기존의 학벌 위주의 채용을 탈피하고 기업 고유의 인·적성검사 제도를 도입하고 있는 추세이다.

새마을금고 지역본부에서도 업무에 필요한 역량 및 책임감과 적응력 등을 구비한 인재를 선발하기 위하여 고유의 직무적성검사를 치르고 있다. 본서는 새마을금고 지역본부 채용대비를 위한 필독서로 새마을금고 지역본부 직무적성검사의 출제경향을 철저히 분석하여 응시자들이 보다 쉽게 시험유형을 파악하고 효율적으로 대비할 수 있도록 구성하였다.

신념을 가지고 도전하는 사람은 반드시 그 꿈을 이룰 수 있습니다. 처음에 품은 신념과 열정이 취업 성공의 그 날까지 빛바래지 않도록 서원각이 수험생 여러분을 응원합니다.

STRUCTURE

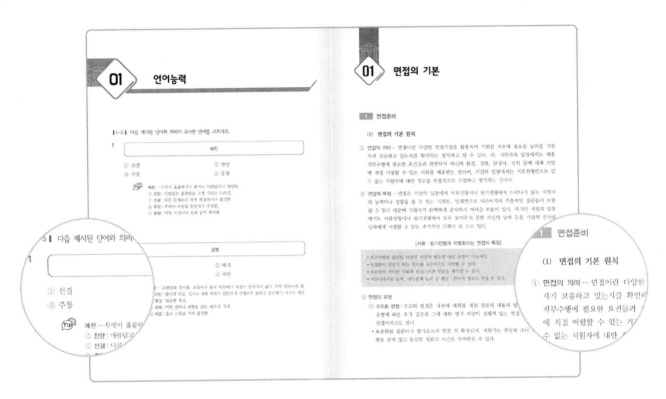

기업소개

기업의 소개와 함께 채용 안내, 최신 기사까지 수록하여 기업의 정보를 한 눈에 파악할 수 있도록 하였습니다.

직무적성검사

직무적성검사 출제예상문제를 상세하고 꼼꼼한 해설과 함께 수록하여 학습효율을 확실하게 높였습니다.

면접

면접의 기본 및 면접기출을 수록하여 취업의 마무리까지 깔끔하게 책임집니다.

CONTENTS

PART

I

새마을금고 소개

01 기업소개 및 채용안내

1 소개

윤리·준법경영의 기본적인 가치관이나 신념을 함축적으로 표현하여 회원으로부터 사랑과 신뢰를 받는 선진종합금융협동조합을 구현하는 기업이다.

2 새마을금고 기원

새마을금고의 기원은 1963년 경상남도 산청군 생초면 하둔리, 창녕군 성산면 월곡리, 의령군 의령면 정암리, 의령면 외시리, 남해군 마산리에서 설립된 다섯 개의 협동조합이다.

초기의 새마을금고 운동은 재건국민운동 경상남도지회 요원들이 메리놀수녀회 산하 교도 봉사회의 제 3차 협동조합 지도자 강습회를 수료하고, 각자의 마을로 돌아가 캐나다 안티고 니시 운동을 바탕으로 계·둘레·향약 등 우리나라 전통의 협동정신을 계승하여 전개하였다.

3 새마을금고 연혁

〈1960~1970년대〉

1963. 향토 개발사업의 일환으로 경남지역에서 태동

1965. 일선 지도자 양성을 위한 중앙교육 개시

1973. 마을금고연합회 창립

〈1980년대〉

1982. 새마을금고법 제정, 시행(시행 1983. 1. 1) (법률 제3622호, 1982.12.31, 제정)

1983. 예금자 보호를 위한 안전기금 사업개시

1984. 새마을금고 자산 1조원 돌파

1989. 새마을금고중앙회관 신축이전(강서구 화곡동), 새마을금고 25년사 편찬

〈1990년대〉

1991. 공제사업(손해공제)개시

1992. 새마을금고 자산 10조원 돌파, 재단법인 새마을금고 임직원 상조복지회 설립, 공제사업 (생명공제) 확대

1994. 국제 협동조합연맹(I.C.A) 회원가입

1995. 새마을금고 자산 20조원 돌파

1996. 새마을금고의 날 제정 및 비전21전진대회 개최

1997. 새마을금고중앙회관 이전(강남구 삼성동), 새마을금고 온라인 전산망 구축

1998. 새마을금고법 개정, 새마을금고 자산 30조원 돌파, 새마을금고 사랑의 좀도리운동 시작

〈2000년대〉

2000. 새마을금고연수원 개원(충남 천안시 목천면), 새마을금고 인터넷뱅킹 서비스 실시

2001. 새마을금고 제휴 신용카드사업 실시, 새마을금고 금융결제원 가입

2002. 새마을금고 금융결제업무 개시, 새마을금고 자산 40조원 돌파, 새마을금고 텔레뱅킹업무 시작

2003. 새마을금고 창립 40주년

2004. 새마을금고 공제 유효계약고 50조원 달성

2005. 새마을금고 자산 50조원 돌파

2006. 전자금융시스템 국제정보보호표준인증 획득(ISO27001), 새마을금고 모바일뱅킹 업무개시

2008. 새마을금고 자산 60조원 돌파, 새마을금고 수표발행업무 개시, 새마을금고 국제심포지엄 개최

2009. 새마을금고전산망 차세대시스템 구축

2010. 제주연수원 개원, (주)엠지자산관리 설립, 자산 90조원 돌파

2011. 스마트뱅킹 서비스 개시, 새마을금고 공제 유효계약고 150조원 달성, 새마을금고연합회 명칭 변경 - 새마을금고중앙회, 어음 이미지정보교환 실시

2012. 국가 주요 정보통신기반시설 지정(인터넷뱅킹), 새마을금고 MG체크카드 출시, 새마을금고 정보계시스템 오픈, 새마을금고 정보계시스템 구축 완료, 새마을금고 자산 100조원 돌파, 정보통합시스템 BS10012(개인정보관리체계) 인증획득, 새마을금고 대학생 자원봉사단 발대식

2013. 새마을금고 자기앞수표 발행100조원 달성, 새마을금고 남자 배드민턴단 창단, 새마을금고 창립 50주년 기념 사랑의 좀도리운동 국토순례 대장정, 새마을금고 가족헌혈 캠페인 실시, 새마을금고 국제심포지엄 개최, 새마을금고 창립 50주년 기념 '전국 새마을금고인 대회' 개최, 새마을금고 새로운 CI 선포, MG신용정보(주) 출범, 새마을금고 단체헌혈 대한민국 공식기록 수립, '상시감시종합 정보시스템' 오픈, 새마을금고 MG체크카드 발급 200만장 돌파, 새마을금고 50년사 발간, 새마을금고 여자 배드민턴단 창단, 새마을금고연수원 50년사 발간 등

2014. 새마을금고 전산망 통합보안관제서비스 실시, 새마을금고 스마트폰 교실 운영 실시, 새마을금고 사회공헌 체계화 모델 및 BI(MG희망나눔) 선정, 공제 EUS(전문심사시스템) 및 EMM(전자의무매뉴얼) 구축 완료, 한국은행과의 화폐수급거래 개시, 새마을금고 전자문서시스템 서비스 오픈

2015. 사회공헌 비전 선포식 개최, 메르스 긴급금융지원, 금융소비자 보호헌장 제정, 한국은행과의 화폐수급거래 전국확대 실시, MG새마을금고 지역희망나눔 공익법인(재단) 설립

2016. MG새마을금고 지역희망나눔재단 출범식

2017. 새마을금고 경영컨설팅시스템 오픈

2018. IT센터 건립 완료

2019. MG새마을금고음악회 전국 순회 개최, 새마을금고 해외겸용 체크카드 발급 개시

4 새마을금고 현황

구분	금고수(개)	거래자수(천명)	자산(억 원)
1979년	39,265	8,474	4,211
1980년	26,863	7,776	5,274
1981년	21,125	6,807	6,452
1982년	11,719	5,381	7,816
1983년	5,360	3,842	8,843
1984년	4,299	3,453	10,932
1985년	4,090	3,904	13,902
1986년	3,748	4,309	19,230
1987년	3,517	4,686	27,385
1988년	3,388	4,998	37,006
1989년	3,320	5,334	49,413
1990년	3,245	6,008	71,670
1991년	3,215	6,802	95,635
1992년	3,200	7,625	118,670
1993년	3,146	8,443	142,821
1994년	3,063	9,112	171,435
1995년	2,969	9,789	206,152
1996년	2,863	10,707	254,994
1997년	2,743	11,697	296,794
1998년	2,590	10,861	328,446
1999년	2,126	11,338	350,018
2000년	1,817	14,596	366,368
2001년	1,730	12,417	395,879
2002년	1,701	12,977	415,370
2003년	1,671	13,733	439,399
2004년	1,647	14,359	475,670
2005년	1,612	14,898	524,663
2006년	1,579	15,415	584,980
2007년	1,576	15,763	599,639
2008년	1,518	16,115	645,387
2009년	1,501	16,448	773,135

2010년	1,480	15,973	907,768
2011년	1,448	15,989	913,761
2012년	1,420	16,939	1,048,356
2013년	1,402	17,590	1,108,102
2014년	1,372	18,144	1,196,514
2015년	1,335	18,578	1,266,925
2016년	1,321	19,102	1,383,724
2017년	1,315	19,270	1,504,813
2018년	1,307	19,589	1,637,855
2019년	1,301	20,336	1,904,162

5 존재이념

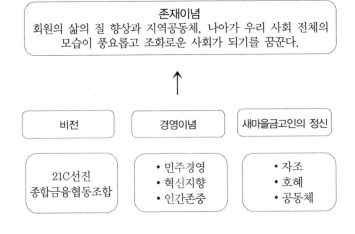

6 비전 및 이념

① 새마을금고 조직문화 체계의 최상위에는 존재이념이 있는데, 이는 새마을금고가 존재해야 하는 분명한 이유로써 여기에는 새마을금고가 궁극적으로 달성해야 하는 사회적 사명이 담겨 있다. 인간에게는 누구나 일생을 통하여 성취하고자 하는 목표가 있으며 살아가는 가치 기준이 있듯이 조직도 마찬가지로 존재해야 하는 뚜렷한 이유가 있게 마련이다. 이것을 조직의 존재이념이라고 하는데, 다른 말로 존재이유, 사회적 사명(Mission), 조직 목적이라고 한다.

② 새마을금고는 우리 고유의 상부상조의 정신을 계승하고 현대화한 것으로써 협동조합의 원리에 따라 운영하며 회원의 경제적·사회적 지위 향상을 도모하는 금융협동조합이다. 또한 새마을금고는 회원의 삶의 질을 향상하는데 그치지 않고 다양한 지역개발사업을 전개하여 지역공동체 발전에 기여하고 있으며, 회원들의 생활수준 향상에 주력함으로써 국민 경제의 균형 발전에도 일익을 담당하고 있다.

③ 이러한 목적 달성을 위한 수단으로써 새마을금고는 서민금융, 지역금융 등 경제적 기능과 회원복지사업, 지역개발사업 등 사회적 기능을 수행하고 있다. 두 기능이 새마을금고의 존재이념에 초점이 맞춰짐으로써 기업이나 다른 비영리조직이 하기 어려운 바람직하고 가치 있는 역할을 담당하고 있다.

④ 한 마디로 새마을금고는 회원의 삶의 질의 향상과 지역공동체, 나아가 우리 사회 전체의 모습이 풍요롭고 조화로운 사회가 되도록 하는 데서 찾을 수 있으므로 새마을금고의 존재이념을 '참여와 협동으로 풍요로운 생활공동체 창조'로 정하였다.

7 윤리경영

윤리경영 실천을 통해 대한민국을 대표하는 지역·서민 허브 금융협동조합으로 거듭

정직과 신용을 기본 바탕으로 회원과 사회로부터 가장 신뢰받는 대한민국의 대표적인 지역·서민 허브 금융협동조합으로 성장하기 위해 준법·윤리 경영을 실천하고 있다.

① 회원감동 추구 … 회원이 있어 새마을금고가 존재함을 깊이 인식하고 회원의 이익과 입장을 최우선적으로 고려한다.

② 회원이익 극대화 … 투명하고 건실한 정도경영으로 금융협동조합으로서의 가치를 높여 회원의 이익을 보장한다.

③ 사회적 책임 … 사회적 일원으로서 사회의 가치관을 존중하며 제반 법규를 준수하고 전전한 금융질서 확립에 솔선수범한다.

8 전형방법

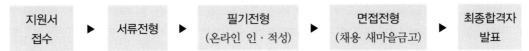

지원서 접수 ▶ 서류전형 ▶ 필기전형 (온라인 인·적성) ▶ 면접전형 (채용 새마을금고) ▶ 최종합격자 발표

※ 이전단계 전형에 합격한 지원자만 다음단계 전형에 응시할 수 있음

① 필기전형 안내

    ㉠ 서류전형 합격자에게 응시방법·시간·접속주소 등이 포함된 메일 발송

    ㉡ 개인별로 지정된 시간(접속시간은 메일로 안내)에만 본 검사에 접속할 수 있음

    ㉢ 웹캠, 헤드셋, 마이크가 준비된 PC를 사용하여 온라인 인·적성 검사에 응시해야함

    ㉣ 검사 시작 후 모든 영상과 음성은 녹음되며, 채용이 종료되면 일괄 삭제처리

    ㉤ 응시자의 점수가 일정수준에 미치지 못하는 경우 과락에 따른 불합격 처리

    ㉥ 검사와 관련된 세부정보(출제과목, 과락점수, 문항구성, 출제경향 등)를 지원자에게 안내하지 않음

② 면접전형 … 채용 새마을금고 실시

    ㉠ 면접일정, 장소, 유의사항 등은 필기전형 합격자들에게 개별안내를 실시할 예정

    ㉡ 지원자 제출서류는 면접 장소에 도착하여 새마을금고 채용담당자에게 개별적으로 제출

    ㉢ 면접결과에 따라 채용 새마을금고에서 최종합격자를 결정

02 관련기사

새마을금고 '숨은공제금' 찾아주기 캠페인 실시

‒ 5월부터 7월까지 숨은 공제금 찾아주기 캠페인
‒ 캠페인 기간에 관계없이 환급 가능

새마을금고(중앙회장 박차훈)가 고객 권익보호와 가계경제 활성화를 위해 5월부터 7월까지 3개월간 걸쳐 '숨은 공제금 찾아주기 캠페인'을 펼친다.

'숨은 공제금'이란 지급사유가 발생해 지급급액이 확정되었으나 고객이 청구하지 않아 지급되지 않은 공제금을 말한다. 새마을금고는 숨은 공제금 보유 고객들이 언제든지 환급받을 수 있도록 하고 있으나, 환급 제도를 모르는 고객들이 미처 확인하지 못한 숨은 공제금을 적극적으로 찾도록 돕기 위해 이번 캠페인을 실시한다.

캠페인 대상은 계약기간 중 지급사유가 발생하거나, 만기 또는 해지되어 공제환급금이 있는 계약에 대한 환급금이다.

숨은공제금을 확인하고자 하는 고객은 가까운 새마을금고를 방문하거나 콜센터 또는 새마을금고홈페이지와 금융소비자정보포털에서 확인이 가능하며, 신분증을 지참하고 가까운 새마을금고 영업점을 방문해 지급신청을 할 수 있다.

금번 캠페인은 전국 새마을금고를 통하여 안내될 예정이며, 숨은 공제금 보유고객은 캠페인 기간에 관계없이 영업점을 방문, 새마을금고 직원을 통해 자세한 안내를 받을 수 있다.

−2020. 5. 4.

면접질문
● 우리 회사에 더 많은 고객을 유치하기 위해 어떤 캠페인을 실시해야하는지 말해보시오.
● 우리 회사의 상품 중 자신 또는 가족에게 추천해주고 싶은 상품을 설명해보시오.

새마을금고중앙회, 사회공헌 대상 시상식 개최

- 2019년 기준 사회공헌 우수 6개 금고 시상 개최
- 사회공헌을 위해 1,599억 원 지원·투자

    새새마을금고중앙회는 지난 7일, 삼성동 본부에서 '사회공헌 대상 시상식'을 개최했다고 밝혔다' 이날 사회공헌 대상 시상식에서는 경제적 약자와 소외계층을 위해 적극적인 사회공헌활동을 펼친 6개 새마을금고에게 상을 수여했다.

    박차훈 새마을금고중앙회장은 "새마을금고는 수익의 대부분을 지역사회에 환원하며 나눔문화 확산과 지역상생을 위해 다양한 사회공헌 활동을 추진해 왔다."고 강조하고, "코로나19로 인해 지역경제가 침체되고, 특히 전통시장이나 골목상권 자영업자들이 더 힘든 시기인만큼 나눔과 상생의 지속적 실천으로 지역경제 활성화에 더 힘써야 할 것"이라고 밝혔다.

    새마을금고중앙회는 2020년 주요 사업 목표로 '사회적 책임 완수'를 내건 만큼 새마을금고 정체성 강화를 위해 사회공헌 활동에 대한 지원을 확대할 계획이다. 이와 함께 새마을금고의 사회공헌 활동 활성화를 위해 추후 사회공헌 대상 시상식은 새마을금고의 축제의 장으로 승화하여 확대 추진할 예정이다.

    한편, 새마을금고는 2019년 말 기준 약 1,599억 원을 사회공헌 활동을 위해 지원·투자 하였으며, 1998년부터 지속적으로 시행중인 '사랑의 좀도리운동'은 새마을금고의 대표적인 사회공헌 브랜드로 2019년도 기준 총 누계 978억 원에 달하는 금액을 지역사회에 지원하고 있다. 최근에는 코로나 19의 조속한 극복을 위해 전국 새마을금고에서 약 11억 원의 성금을 모금하여 지역사회에 기부하는 등 지역상생을 위한 사회공헌 활동을 꾸준히 실천하는 중이다.

-2020. 4. 16.

면접질문	• 최근 우리 회사가 추진한 사회공헌 활동을 말해보시오.
	• 새마을금고의 대표 활동인 사랑의 좀도리운동에 대해 설명해보시오.

새마을금고, 'MG스마트알람' 리뉴얼 출시

- 나만의 스타일설정으로 '내 계좌를 나답게'
- 홍보모델 목소리로 다양한 알림음 설정

새마을금고(중앙회장 박차훈)는 2월 24일 사용자 맞춤형 서비스가 강화된 'MG스마트알람'을 출시했다. MG스마트알람은 계좌의 입출금 등 거래 발생시 PUSH가 제공되는 무료 알림앱으로서, 2018년 3월 리뉴얼 후 2년 만에 출시되는 2차 리뉴얼 버전이다.

새마을금고는 '내 손 안의 금융비서'라는 컨셉을 바탕으로 리뉴얼을 추진했으며, 새롭게 출시된 MG스마트알람의 주요특징은 △UI(User Interface)/UX(User Experience) 개선 △계좌별 사용자 스타일 설정 △입출금 리포트 제공 △다양한 소리 알림음 탑재 등이다.

UI/UX는 부수적인 설명들과 텍스트를 줄여 직관적인 디자인으로 구성해 사용자의 선택 권한을 극대화했다. 사용자 맞춤형 기능으로는 계좌별 목적과 특징에 따라 사용자가 아이콘 및 색상 등을 선택할 수 있도록 구성했다. 또한, 기존의 텍스트로 제공되던 입출금 리포트는 그래프 등을 통해 도표화 되었으며 입출금 스타일 및 카테고리별 입출금현황도 제공된다.

알림앱에서 가장 중요한 알림음은 기본효과음 외에 새마을금고 홍보모델인 배우 김상중, 신혜선의 목소리를 만나볼 수 있는 것이 특징이다. 홍보모델들의 다양한 입출금 알림음을 사용자 취향에 따라 선택이 가능한 것이다.

새마을금고 관계자는 "홍보모델의 적극적인 협조로 유니크한 앱이 개발될 수 있었다."며 "친숙한 홍보모델의 목소리가 알림음으로 추가되어 입출금시 사용자 기분까지 향상시킬 수 있기를 기대한다"고 말했다.

한편, 새마을금고는 2020년 4월 말에 MG스카트뱅킹앱 리뉴얼 출시를 예정하고 있으며 △디지털 창구시스템 구축 △새마을금고 회원 정보 통합 및 빅테이터 시스템 구축 △자동화기기의 바이오인증 시스템 구축 등 디지털 환경변화에 따른 사업을 지속적으로 추진하고 있다.

-2020. 2. 26.

면접질문	• 다른 회사의 어플과 비교하여 우리 회사만이 갖고 있는 기능을 말해보시오. • 우리 회사에 필요하다고 생각하는 IT기술에 대해 설명해보시오.

PART II

직무적성검사

┃1~5┃ 다음 제시된 단어와 의미가 유사한 단어를 고르시오.

1

예찬

① 선결   ② 찬양

③ 주창   ④ 동참

 예찬… 무엇이 훌륭하거나 좋거나 아름답다고 찬양함.
② 찬양 : 아름답고 훌륭함을 크게 기리고 드러냄.
① 선결 : 다른 문제보다 먼저 해결하거나 결정함.
③ 주창 : 주의나 사상을 앞장서서 주장함.
④ 동참 : 어떤 모임이나 일에 같이 참가함.

2

결렬

① 열성   ② 태세

③ 재결   ④ 파탄

 결렬… 갈래갈래 찢어짐. 교섭이나 회의 따위에서 의견이 합쳐지지 않아 각각 갈라서게 됨.
④ 파탄 : 찢어져 터짐. 일이나 계획 따위가 원만하게 진행되지 못하고 중도에서 어긋나 깨짐.
① 열성 : 열등한 성질.
② 태세 : 어떤 일이나 상황을 앞둔 태도나 자세.
③ 재결 : 옳고 그름을 가려 결정함.

3

이념

① 상극   ② 세기

③ 이상   ④ 단결

 이념 … 이상적인 것으로 여겨지는 생각이나 견해
③ 이상 : 생각할 수 있는 범위 안에서 가장 완전하다고 여겨지는 상태
① 상극 : 둘 사이에 마음이 서로 맞지 아니하여 항상 충돌함
② 세기 : 백 년을 단위로 하는 기간
④ 단결 : 많은 사람이 마음과 힘을 한데 뭉침

4

은닉

① 묻다   ② 파다

③ 알다   ④ 꼬다

 은닉 … 남의 물건이나 범죄인을 감춤
① 일을 드러내지 아니하고 속 깊이 숨기어 감추다

5

요해

① 깨닫다   ② 느끼다

③ 맛보다   ④ 바라다

Tip 요해(了解) … 깨달아 알아냄

Answer⌐ 1.②   2.④   3.③   4.①   5.①

┃6~10 ┃ 다음 제시된 단어와 의미가 상반된 단어를 고르시오.

6

> 폄하

① 칭송
② 명목
③ 결탁
④ 진중

 폄하 … 가치를 깎아내림.
① **칭송** : 칭찬하여 일컬음. 또는 그런 말.
② **명목** : 겉으로 내세우는 이름.
③ **결탁** : 마음을 결합하여 서로 의탁함.
④ **진중** : 무게가 있고 점잖음.

7

> 번망하다

① 어수선하다
② 혁신적이다
③ 한산하다
④ 발생하다

 번망하다 … 번거롭고 어수선하여 매우 바쁘다.

8

> 굴종

① 위로
② 반항
③ 경종
④ 굴복

 굴종 … 제 뜻을 굽혀 남에게 복종함
② **반항** : 다른 사람이나 대상에 맞서 대들거나 반대함
① **위로** : 어떤 직위에 있는 사람을 다른 사람으로 바꿈
③ **경종** : 잘못된 일이나 위험한 일에 대하여 경계하여 주는 주의나 충고를 비유적으로 이르는 말
④ **굴복** : 힘이 모자라서 복종함

9

> 우수

① 우주

② 탁월

③ 유수

④ 열등

 우수 … 여럿 가운데 뛰어남

④ 열등 : 보통의 수준이나 등급보다 낮음

① 우주 : 무한한 시간과 만물을 포함하고 있는 끝없는 공간의 총체

② 탁월 : 남보다 두드러지게 뛰어남

③ 유수 : 손꼽을 만큼 두드러지거나 훌륭함

10

> 첨예하다

① 괘념하다

② 무디다

③ 첨리하다

④ 치장하다

 첨예하다 … 날카롭고 뾰족하다.

② 무디다 : 칼이나 송곳 따위의 끝이나 날이 날카롭지 못하다.

① 괘념하다 : 마음에 두고 걱정하거나 잊지 아니하다.

③ 첨리하다 : 날카롭고 뾰족하다.

④ 치장하다 : 잘 매만져 곱게 꾸미다.

Answer ↱ 6.① 7.③ 8.② 9.④ 10.②

11

> 암팡지다

① 몸은 작아도 힘차고 다부지다.

② 엉뚱한 욕심을 품고 분수에 넘치는 짓을 하고자 하는 태도가 있다.

③ 겉으로는 부드러워 보이나 속으로는 흉악하다.

④ 아주 심하거나 지독한 데가 있다.

  ② 앙큼하다 ③ 음흉하다 ④ 옴팡지다

12

> 덜퍽지다

① 못마땅하거나 불쾌하다.

② 순조롭지 않거나 고약하다.

③ 푸지고 탐스럽다.

④ 마음씨 따위가 훌륭하고 갸륵한 데가 있다.

  덜퍽지다
　　ⓐ 푸지고 탐스럽다.
　　ⓑ 부피가 어림없이 크고 굉장하다.
　　ⓒ 몸집이 크고 튼튼하여 위엄이 있다.

13

현안(懸案)

① 여러 사정을 참고하여 생각함

② 어떤 안을 대신하는 안

③ 뛰어나게 좋은 생각

④ 아직 해결되지 않은 채 남아 있는 문제

 ① 감안(勘案) ② 대안(代案) ③ 묘안(妙案)

14

모꼬지

① 남을 해치고자 하는 짓

② 눈치로 알아차릴 수 있도록 슬그머니 일깨워 줌

③ 놀이나 잔치에 여러 사람이 모이는 일

④ 물을 대어 주로 벼를 심어 가꾸는 땅

 ① 해코지 ② 귀띔 ④ 논

15

물알

① 아직 덜 여물어서 물기가 많고 말랑한 곡식알

② 피부 일부분에 액체가 국소적으로 차서 부풀어 오른 것

③ 물이 있는 곳의 가장자리

④ 무르익은 앵두

 ② 물집
③ 물가
④ 물앵두

Answer╷→ 11.① 12.③ 13.④ 14.③ 15.①

16~20 다음 제시된 어구 풀이의 의미와 가장 잘 부합하는 어휘를 고르시오.

16

> 무엇을 하고 싶어서 잠자코 있을 수가 없다.

① 오금이 쑤시다　　　　　② 오지랖이 넓다
③ 코가 빠지다　　　　　　④ 발이 뜨다

 ② 주제넘게 남의 일에 간섭하다.
③ 근심이 가득하다.
④ 어떤 곳에 자주 다니지 아니하다.

17

> 얼굴에 핏기가 없고 파리하다

① 핼쑥하다　　　　　　　② 수척하다
③ 스산하다　　　　　　　④ 완뢰하다

 ② 몸이 몹시 야위고 마른 듯하다.
③ 마음이 가라앉지 아니하고 뒤숭숭하다.
④ 굳세고 튼튼하다.

18

> 마음이 구슬퍼질 정도로 외롭거나 쓸쓸하다.

① 헌칠하다　　　　　　　② 옹색하다
③ 처량하다　　　　　　　④ 부실하다

 ① 키와 몸집이 크고 늘씬하다.
② 생활이 어렵다. 또는 활달하지 못하여 옹졸하고 답답하다.
④ 몸이 튼튼하지 못하다. 또는 내용이 실속이 없거나 충실하지 못하다.

19

끝을 맺음

① 고지   ② 귀결

③ 귀감   ④ 귀공

 ① 상대방의 의견을 높이는 말
③ 본보기가 될 만한 것
④ 세상에 보기 드문 솜씨

20

일에는 마음을 두지 아니하고 쓸데없이 다른 짓을 함

① 방정   ② 해찰

③ 정평   ④ 자발

 ① 찬찬하지 못하고 몹시 가볍고 점잖지 못하게 하는 말이나 행동
③ 모든 사람이 다같이 인정하는 평판
④ 남이 시키거나 요청하지 아니하였는데도 자기 스스로 나아가 행함

┃21~25┃ 다음 중 제시된 문장의 밑줄 친 어휘와 같은 의미로 사용된 것을 고르시오.

21

잔치 음식에는 품이 많이 <u>든다</u>.

① 하숙집에 <u>든</u> 지 벌써 삼 년이 지났다.

② 언 고기가 익는 데에는 시간이 좀 <u>드는</u> 법이다.

③ 일단 마음에 <u>드는</u> 사람이 있으면 적극적으로 나설 작정이다.

④ 4월에 <u>들어서만</u> 이익금이 두 배로 늘었다.

 ① 방이나 집 따위에 있거나 거처를 정해 머무르게 되다.
② 어떤 일에 돈, 시간, 노력, 물자 따위가 쓰이다.
③ 어떤 물건이나 사람이 좋게 받아들여지다.
④ 어떠한 시기가 되다.

Answer ┏ 16.① 17.① 18.③ 19.② 20.② 21.②

22

> 한 치의 숨김도 없이 <u>바르게</u> 대답해야 할 거야.

① 운동장에 선을 <u>바르게</u> 그어놓도록 해라.
② 그는 양심이 <u>바른</u> 사람이라서 거짓말을 하지 못한다.
③ 입에 침이나 <u>바르고</u> 그런 이야기를 해.
④ 창문에 에어캡을 <u>발랐더니</u> 확실히 따뜻해진 듯 했다.

 ① 겉으로 보기에 비뚤어지거나 굽은 데가 없다.
② 거짓이나 속임이 없이 정직하다.
③ 표면에 고루 묻히다.
④ 풀칠한 종이나 헝겊 따위를 다른 물건의 표면에 고루 붙이다.

23

> 손이 많으면 일도 쉽다.

① 작년까지만 해도 이 여관은 손으로 가득 찼었다.
② 가뜩이나 손이 부족한데 어딜 다녀오는 거야!
③ 이 일의 마무리는 너의 손에 달려있어.
④ 그가 가리킨 손끝에는 작은 나룻배가 있었다.

 주어진 문장과 ②의 '손'은 '일을 하는 사람'의 의미를 갖는다.
① 여관이나 음식점 따위의 영업하는 장소에 찾아온 사람(손님)
③ 어떤 사람의 영향력이나 권한이 미치는 범위
④ 손가락

24

> 마음을 독하게 <u>먹지</u> 않으면 유혹에 넘어가고 말거야.

① 양심을 <u>먹고</u> 올바른 말을 하기로 했다.
② 너무 충격을 <u>먹어서</u> 말이 안 나온다.
③ 하루 종일 너무 많은 욕을 <u>먹었다</u>.
④ 자, 이제 약을 <u>먹어야</u> 할 시간이다.

 ① 어떤 마음이나 감정을 품다.
② 겁, 충격 따위를 느끼게 되다.
③ 욕, 핀잔 따위를 듣거나 당하다.
④ 음식 따위를 입을 통하여 배 속에 들여보내다.

25

> 강당에 사람이 가득 <u>차서</u> 더 이상 들어갈 수 없었다.

① 그는 승리의 기쁨에 가득 <u>차서</u> 눈물을 흘렸다.
② 할아버지는 혀를 끌끌 <u>차며</u> 손주의 행동을 바라보았다.
③ 미숙이는 성격이 <u>차고</u> 매서워서 사람들이 잘 따르지 않는다.
④ 초의 향과 따스함이 방 안에 가득 <u>차</u> 아늑한 분위기를 연출했다.

 ① 감정이나 기운 따위가 가득하게 되다.
② 혀를 입천장 앞쪽에 붙였다가 떼어 소리를 내다.
③ 인정이 없고 쌀쌀하다.
④ 일정한 공간에 사람, 사물, 냄새 따위가 더 들어갈 수 없이 가득하게 되다.

Answer ☞ 22.② 23.② 24.① 25.④

| 26~28 | 다음 빈칸에 들어갈 어휘로 가장 적절한 것을 고르시오.

26

> 팀장님은 프로젝트가 끝나면 _____ 팀원들과 함께 술을 한잔 했다.

① 진즉   ② 파투
③ 한갓   ④ 으레

① 좀 더 일찍이
② 일이 잘못되어 흐지부지됨
③ 다른 것 없이 겨우
④ 두말할 것 없이 당연히, 틀림없이 언제나

27

> 다시 한 번 이 행사를 위해 힘써 주신 여러분께 감사드리며, 이것으로 인사말을 _____
> 하겠습니다.

① 갈음   ② 가름
③ 가늠   ④ 갸름

① 본디 것을 대신에 다른 것으로 가는 일
② 따로따로 갈라놓는 일
③ 목표나 기준에 맞고 안 맞음을 헤아리는 일
④ 보기 좋을 정도로 조금 가늘고 긴 듯함

28

> 우리가 별 탈 없이 _____ 자라 벌써 스무 살이 되었다.

① 깜냥깜냥   ② 어리마리
③ 콩팔칠팔   ④ 도담도담

① 자신의 힘을 다하여
② 잠이 든 둥 만 둥 하여 정신이 흐릿한 모양
③ 갈피를 잡을 수 없도록 마구 지껄이는 모양
④ 어린아이가 탈 없이 잘 놀며 자라는 모양

∥29~30∥ 다음 제시어 중 서로 관련 있는 세 개의 단어를 찾아 연상되는 것을 고르시오.

29

> 연극, 오페라의 유령, 브로드웨이, 충무로, 아리아, 놀이공원, 가면, 별, 심리학

① 할리우드   ② 중세유럽

③ 발레   ④ 뮤지컬

 제시된 단어 중 오페라의 유령, 브로드웨이, 아리아를 통해 '뮤지컬'을 유추해볼 수 있다.
 • 4대 뮤지컬 … 캣츠, 레미제라블, 미스사이공, 오페라의 유령
 • 아리아 … 작품의 주제 혹은 주인공의 환희나 비극을 담고 있는 뮤지컬의 클라이맥스

30

> 수성사인펜, 축제, 영어, 가을, 달리기, 풍경화, 시계, 만국기, 경주

① 운동회   ② 불국사

③ 수능   ④ 사생대회

 제시된 단어 중 가을, 달리기, 만국기를 통해 '운동회'를 유추해볼 수 있다.

Answer ╭→ 26.④ 27.① 28.④ 29.④ 30.①

▌31~35 ▌ 다음에 제시된 글을 흐름이 자연스럽도록 순서대로 배열하시오.

31

> ㈎ 인삼은 한국 고유의 약용 특산물이었으며, 약재로서의 효능과 가치가 매우 높은 물건이었다.
> ㈏ 이에 따라 인삼을 상품화하여 상업적 이익을 도모하는 상인들이 등장하였다.
> ㈐ 중국과 일본에서는 이런 조선 인삼에 대한 수요가 폭발적으로 증가하였다.
> ㈑ 이들을 삼상(蔘商)이라고 하였다.
> ㈒ 특히 개인 자본을 이용하여 상업 활동을 하던 사상들이 평안도 지방과 송도를 근거지로 하여 인삼거래에 적극적으로 뛰어들었다.

① ㈎ – ㈐ – ㈏ – ㈒ – ㈑   ② ㈏ – ㈒ – ㈎ – ㈐ – ㈑
③ ㈑ – ㈏ – ㈎ – ㈒ – ㈐   ④ ㈒ – ㈎ – ㈏ – ㈑ – ㈐

㈎ 인삼에 대한 소개
㈐ 중국과 일본에서의 인삼의 인기
㈏ 인삼 상인의 등장
㈒㈑ 적극적인 인삼상인 삼상의 등장

32

> ㈎ 이런 물질들은 기관지염이나 폐렴 등 각종 호흡기 질환, 광화학 스모그나 산성비의 주요 원인이 된다.
> ㈏ 하지만 디젤 엔진은 미세 먼지로 알려져 있는 입자상 물질과, 일산화질소나 이산화질소와 같은 질소 산화물을 많이 발생시킨다.
> ㈐ 이에 따라 디젤 엔진이 배출하는 오염 물질을 저감하기 위한 기술이 계속 개발되고 있다.
> ㈑ 디젤 엔진은 가솔린 엔진에 비해 일반적으로 이산화탄소의 배출량이 적고 열효율이 높으며 내구성이 좋다.

① ㈎ – ㈏ – ㈐ – ㈑   ② ㈎ – ㈐ – ㈏ – ㈑
③ ㈐ – ㈎ – ㈑ – ㈏   ④ ㈑ – ㈏ – ㈎ – ㈐

㈑ 디젤 엔진의 장점
㈏ 디젤 엔진의 문제점
㈎ 질소 산화물이 일으키는 문제
㈐ 디젤 엔진 문제점 보완 기술

33

> ㈎ 목청껏 소리를 지르고 손뼉을 치고 싶은 충동 같은 것 말이다.
> ㈏ 나는 가끔 충동을 느낄 때가 있다.
> ㈐ 환호가 아니라도 좋으니 속이 후련하게 박장대소라도 할 기회나마 거의 없다.
> ㈑ 마음속 깊숙이 잠재한 환호에의 갈망 같은 게 이런 충동을 느끼게 하는지도 모르겠다.
> ㈒ 그러나 요샌 좀처럼 이런 갈망을 풀 기회가 없다.

① ㈎ － ㈑ － ㈏ － ㈒ － ㈐   ② ㈏ － ㈎ － ㈑ － ㈒ － ㈐

③ ㈏ － ㈎ － ㈒ － ㈐ － ㈑   ④ ㈐ － ㈎ － ㈑ － ㈒ － ㈏

 ㈏에서 화제를 제시하고 ㈎에서 예를 들어 설명한다. ㈑는 ㈎ 같은 충동을 느끼는 짐작이다. ㈒, ㈐에서는 '그러나'를 통해 내용을 전환하여 충동을 풀 기회가 없다는 것을 아쉬워하고 있다.

34

> ㈎ 하지만 좀 더 거슬러 올라가면 이 불평등은 각 대륙의 발전 속도가 다른 것에서 유래했다.
> ㈏ 그리고 각 대륙의 발전 속도의 이러한 차이를 가져온 것은 궁극적으로 지리 및 생태적 환경이었다.
> ㈐ 더 나아가 그는 생태적 요인이 인간 사회에 어떻게 영향을 미치는지를 비교적 자세히 설명하였다.
> ㈑ 다이아몬드에 따르면, 1500년경 유럽에서 발달된 과학 기술과 정치 조직이 현대 세계의 불평등을 낳았다.

① ㈑ － ㈐ － ㈎ － ㈏   ② ㈑ － ㈐ － ㈏ － ㈎

③ ㈑ － ㈎ － ㈐ － ㈏   ④ ㈑ － ㈎ － ㈏ － ㈐

 다이아몬드가 생각하는 불평등에 대한 내용이다. 각 문장 앞에 온 접속어에 주의하여 논리적 흐름에 맞게 글을 배열하면 ㈑ － ㈎ － ㈏ － ㈐의 순서가 된다.

Answer ☞ 31.① 32.④ 33.② 34.④

35

> (가) 아직도 높은 베개를 선호하는 사람이 많지만, 고침단명(高枕短命)이라는 말이 있다.
> (나) 그러면 혈액순환이 나빠져 숙면이 어려워 피곤하며, 목 디스크나 목 관절염까지 유발한다.
> (다) 물론 의학적인 근거도 있다. 베개가 높으면 목뼈가 정상적인 C자형을 이루지 못해 목 부위 근육이 긴장하게 된다.
> (라) 즉, '베개를 높이 베면 수명이 짧아진다'는 뜻이다.

① (가) — (라) — (다) — (나)　　　② (가) — (라) — (나) — (다)
③ (가) — (다) — (나) — (라)　　　④ (가) — (다) — (라) — (나)

 (라)는 (가)에서 언급한 고침단명에 대한 풀이다. (다)와 (나)는 그에 대한 의학적 근거이다.

┃36~40┃ 다음 중 주어진 글의 빈칸에 들어갈 문장으로 가장 적절한 것을 고르시오.

36

> 　　르네상스 시대에 원근법을 연구했던 프란체스카는 원근법의 한계를 지적했다. 시선과 중앙선이 이루는 각이 60도의 범위 안에 들어오는 사물을 투시 원근법으로 그릴 경우, 화면에 실제 사물과 유사하게 사물의 상이 구현된다. 하지만 _____
> _____. 이런 이유로 후대 미술가 중에는 투시 원근법에 대한 회의적 시각을 지닌 이들이 등장했다. 하지만 투시 원근법은 여전히 대상을 사실적으로 재현하려는 이들에게는 유용한 방법이다. 최근에는 증강 현실의 구현에 투시 원근법이 활용되고 있다.

① 이 범위 안에서 구현되는 그림은 그 가치를 책정할 수 없을 만큼 실제 사물과 유사하게 구현된다.
② 이 범위에서 벗어나 있는 사물을 보고 그린 그림에서는 상이 왜곡된다는 것이다
③ 사물을 현실과 유사하게 그리는 것만을 좋은 그림이라고 할 수 없는 이유가 여기 있다
④ 유사하게 구현된 상을 그리는 것이 진정한 예술인가에 대한 논의가 지속되었다

 주어진 글은 원근법의 한계에 대한 내용이다. 투시 원근법이 화면에 실제 사물과 유사하게 사물의 상을 구현할 수 있다는 장점을 이야기하며 '하지만'으로 이어지는 빈칸의 문장은 앞선 문장과 상반되는 내용이 온다는 것을 알 수 있으므로 ②가 적절하다.

37

> 문화 상품의 저작권 보호를 위해 기본적으로 필요한 요소는 _____.
> 하지만 우리 소비자들은 수년간의 면역 효과로 인해 공짜 문화 상품의 맛에서 헤어 나오
> 지 못하고 있다. 저작권에 대한 소비자의 의식에 획기적인 변화가 없는 한 문화 상품에
> 대한 가치는 어디서고 인정받지 못하게 될 것이고 문화 산업계가 꿈꾸고 있는 장밋빛 미
> 래도 없을 것이라고 단언한다.

① 제작자의 관대한 태도이다

② 제작자와 소비자의 대화와 화해이다

③ 저작권 가치에 대한 소비자의 인식이다

④ 수출업자의 적극적인 홍보이다

(Tip) 빈칸 이후의 문장에서 소비자 의식의 문제점에 대해 이야기하고 있으므로 빈칸에 가장 적
절한 문장은 ③이다.

38

> 쌀 시장 개방 문제는 기본적으로는 합리적 선택에 관한 문제이지만 최대 이해관계자
> 인 농민의 입장을 무시할 수 없다는데 어려움이 있다. 우선 마음을 열고 진지한 토론을
> 시작하는 것에서 해결의 실마리를 찾아야 한다. 마음을 연 대화를 하려면 상대를 존중해
> 야 한다. 정부는 비록 비합리적이라는 비판을 받을지라도 필리핀과 같은 선택도 할 수
> 있다는 유연한 입장을 가져야 한다. 농민단체도 정부에 대해 합당한 신뢰를 보여야 한
> 다. 농민을 망하게 하려는 것이 정부의 의도는 아닐 것이다.
> _____ 장기적인 관점에서 먼 미래를 내다보며 진정
> 으로 농민과 국가를 위하는 것이 무엇인지를 찾아내는 지혜를 발휘해야 할 때가 왔다.

① 무엇보다 우리 농민의 보호를 가장 우선적으로 생각해야 한다.

② 정부는 농민단체에 불이익이 있더라도 국가의 이익을 위한 선택을 해야 한다.

③ 쌀 시장 개방 문제는 정부와 농민 외에도 많은 이해관계자들이 얽혀있다.

④ 정부와 농민단체 모두가 마음을 열고 진지하게 토론에 임할 때 길은 열린다.

(Tip) 글의 전반적인 내용으로 볼 때 정부와 농민단체의 마음을 연 토론을 중요시여기고 있음을
알 수 있다.

Answer ⟶ 35.① 36.② 37.③ 38.④

39

웹 만화의 특징으로 들 수 있는 것은 인터넷상에서 두루마리처럼 아래로 길게 펼쳐 읽는 것이다. 일반적인 출판 만화는 한 편을 오른쪽에서 왼쪽으로 장을 넘겨 가며 읽는 책의 형식인 반면, 웹 만화는 마우스를 이용해 위에서 아래로 내려가며 읽는 형식을 취하고 있다. 이와 같은 웹 만화의 세로 읽기는 한 회의 만화를 끊김 없이 읽어 내려가게 함으로써 _____. 출판 만화의 경우 긴장이 고조된 장면이라고 할지라도 한 장 한 장 넘기며 읽어야 하기 때문에 감정의 흐름이 끊길 수 있지만, 웹 만화는 장면을 연속적으로 이어 볼 수 있으므로 긴장감을 지속적으로 유지해 나갈 수 있다.

① 궁금증을 유발할 수 있다
② 독자의 피곤함을 덜 수 있다
③ 더 빠르게 읽을 수 있다
④ 독자의 흥미를 배가시킬 수 있다

 지문의 마지막 문장 '웹 만화는 장면을 연속적으로 이어 볼 수 있으므로 긴장감을 지속적으로 유지해 나갈 수 있다.'를 통해 빈칸에는 '독자의 흥미를 배가시킬 수 있다'가 들어가는 것이 가장 적절하다.

40

우리 속담 가운데 "콩 심은 데 콩 나고, 팥 심은 데 팥 난다."라는 말이 있다. 공부하지 않고 성적이 향상되기를 바라는 사람에게 주는 교훈이다. 농부가 씨앗을 잘 간수해 두었다가 때를 맞추어 뿌리고, 심고, 가꾸어야 풍성한 결실을 거둘 수 있다. 돈을 낭비하면 가난뱅이가 되고, 시간을 낭비하면 낙오자가 된다.

논밭을 망치는 것은 잡초요, 사람을 망치는 것은 허영이다. 모든 일은 심은 대로 거두는 것이다. 우리는 심은 것을 거두는 _____(을)를 마음속에 되새겨야 할 것이다.

① 자연이 주는 혜택　　　　　　② 인과응보의 진리
③ 긍정적 사고방식　　　　　　④ 낭비하지 않는 습관

 제시된 글의 주제는 '모든 일은 원인에 따라 결과를 맺는다.'이다.

41 다음 내용을 바탕으로 글을 쓸 때 그 주제로 알맞은 것은?

> • 경찰청은 고속도로 갓길 운행을 막기 위해 갓길로 운행하다 적발되면 30일간의 면허 정지 처분을 내리기로 결정했다.
> • 교통사고 사망률 세계 1위라는 불명예는 1991년에 이어 1992년에도 계속되었다.
> • 교통사고의 원인으로는 운전자의 부주의와 교통 법규 위반의 비율이 가장 높다.
> • 교통 법규 위반자는 자신의 과실로 다른 사람에게 피해를 준다는 점에서 문제가 더욱 심각하다.
> • 우리나라는 과속 운전, 난폭 운전이 성행하고 있다. 이를 근절하기 위한 엄격한 법이 필요하다.

① 교통사고를 줄이기 위해서는 엄격한 법이 필요하다.
② 사고 방지를 위한 대국민적인 캠페인 운동을 해야 한다.
③ 교통사고의 사망률은 교통 문화 수준을 반영한 것이다.
④ 올바른 교통 문화 정착을 위해 국민적 자각이 요구된다.

Tip 제시된 내용은 교통사고가 교통 법규를 제대로 지키지 않은 데서 발생하며, 이를 근절하기 위해 보다 엄격한 교통 법규가 필요함을 강조하고 있다.

42 다음의 자료를 활용하여 글을 쓰기 위해 구상한 내용으로 적절하지 않은 것은?

> 우리나라 중학교 여학생의 0.9%, 고등학교 여학생의 7.3%, 남학생의 경우는 중학생의 3.5%, 고등학생의 23.6%가 흡연을 하고 있다. 그리고 매년 청소년 흡연율은 증가하는 추세이다. 청소년보호법에 따르면 미성년자에게 담배를 팔 경우 2년 이하의 징역이나 1천만 원 이하의 벌금, 100만 원 이하의 과징금을 내도록 되어 있다. 그러나 담배 판매상의 잘못된 의식, 시민들의 고발정신 부족 등으로 인해 청소년에게 담배를 판매하는 행위가 제대로 시정되지 않고 있다.
>
> 또한 현재 담배 자동판매기의 대부분(96%)이 국민건강증진법에 허용된 장소에 설치되어 있다고는 하나, 그 장소가 주로 공공건물 내의 식당이나 상가 내 매점 등에 몰려 있다. 이런 장소들은 청소년들의 출입이 용이하기 때문에 그들이 성인의 주민등록증을 도용하여 담배를 사더라도 이를 단속하기가 어려운 실정이다.

① 시사점 : 시민의 관심이 소홀하며 시설 관리 체계가 허술하다.
② 원인 분석 : 법규의 실효성이 미흡하고 상업주의가 만연하고 있다.
③ 대책 : 국민건강증진법에 맞는 담배 자동판매기를 설치한다.
④ 결론 : 현실적으로 실효성이 있는 금연 관련법으로 개정한다.

 ③ 담배 자동판매기가 국민건강증진법에 허용된 장소에 설치되어 있다고 자료에서 이미 밝히고 있으므로 대책에 대한 구상으로 적절하지 않다.

43 ㉠~㉣ 중 글의 흐름으로 볼 때 삭제해도 되는 문장은?

> ㉠영어 공부를 오랜만에 하는 분이나 회화를 체계적으로 연습한 적이 없는 분들을 위한 기초 영어 회화 교재가 나왔습니다. ㉡이제 이 책으로 두루두루 사용할 수 있는 기본 문형을 반복 훈련하십시오. ㉢이 책은 우선 머뭇거리지 않고 첫 단어를 말할 수 있게 입을 터줄 것입니다. ㉣저자는 수년간 언어 장애인을 치료, 연구하고 있는 권위 있는 의사입니다. 테이프만 들어서도 웬만한 내용은 소화할 수 있게 이 책은 구성되었습니다.

① ㉠   ② ㉡
③ ㉢   ④ ㉣

 이 글은 새로 나온 영어 학습 교재를 독자에게 소개하면서, 책의 용도, 구성, 학습 효과 등을 설명하고 있다.
④ 언어 장애인을 치료하는 전문가였다는 내용은 이 책의 소개 내용과 아무 관계가 없다.

44 다음은 강연내용을 적은 것이다. 이 글을 본론으로 할 때 맺음말로 가장 적절한 것은?

> 요즘 우리나라에서도 비윤리적인 범죄들이 빈발하고 있는데, 그 주된 원인을 현대 가족제도의 혼란에서 찾는 사람들이 많습니다. 그래서 그 해결방안을 모색하는데 도움이 됐으면 하는 마음으로 우리나라의 전통적인 가족제도에 대해 한 말씀 드릴까 합니다. 우리나라는 전통적으로 농경사회와 유교적 이념을 배경으로 하여 가부장적인 대가족제도를 유지해 왔습니다. 전통사회에서 '가정'이라는 말보다는 '집안'이나 '문중'이라는 말이 일반적일 정도로 가족의 범위가 현대사회에 비해 훨씬 넓었으며, 그 기능도 다양하였습니다. 가족은 농경사회에서의 생산이나 소비의 단위일 뿐만 아니라 교육의 기본단위이기도 하였습니다. 이 가족 안에서의 교육을 바탕으로 사회나 국가의 윤리와 질서가 유지되던 것입니다. 물론 전통적 가족제도는 상하관계를 중시하는 수직구조였으나, 그것이 강압에 의한 것이 아니라 서로 간의 애정과 이해를 바탕으로 한 것임은 말할 필요도 없습니다. 예컨대 남편은 남편으로서, 아내는 아내로서, 자식은 자식으로서 자신의 본분을 지켜가며 서로를 신뢰하고 존중하는 것을 기본전제로 해서 형성된 것이 전통적인 가족제도였습니다. 물론 이러한 전통적 가족제도가 현대의 기술, 공업사회에 적합한 것은 결코 아닙니다. 그러나 현대사회의 한 특징인 핵가족화와 그로 인한 가정의 기능상실, 더 나아가 여기에서 파생되는 사회기초윤리의 소멸 등이 문제점으로 부각되고 있는 지금 전통적인 가족제도는 우리에게 많은 암시를 주고 있다고 할 것입니다.

① 어느 사회에서고 그 사회를 지탱하는 가장 기본이 되는 것은 바로 가정이라고 할 수 있습니다.

② 다시 한 번 말하지만 대가족제도가 무너진 것은 바로 현대사회의 산업화에 기인하는 것입니다.

③ 전통적인 가족제도는, 물론 현대를 사는 우리에게 맞지 않는 측면이 많다는 것은 인정합니다.

④ 온고지신(溫故知新)이라는 말이 결코 공허한 표어가 아님을 우리는 깊이 인식해야 할 것입니다.

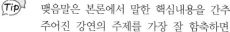 맺음말은 본론에서 말한 핵심내용을 간추림으로써 주제를 강조하는 것이어야 한다. 따라서 주어진 강연의 주제를 가장 잘 함축하면 되는데, 주어진 강연의 주제는 '우리의 전통적인 가족제도에서 현대의 가치관 상실을 극복할 수 있는 교훈을 얻자' 정도가 될 것이다.

Answer ☞ 42.③ 43.④ 44.④

(가) 오늘날 인류가 왼손보다 오른손을 선호하는 ⓐ경향은 어디서 비롯되었을까? 무기를 들고 싸우는 결투에서 오른손잡이는 왼손잡이 상대를 만나 곤혹을 치르곤 한다. 왼손잡이 적수가 무기를 든 왼손은 뒤로 감춘 채 오른손을 내밀어 화해의 몸짓을 보이다가 방심한 틈에 공격을 할 수도 있다. 그러나 이런 상황이 왼손에 대한 폭넓고 뿌리 깊은 반감을 다 설명해 준다고는 생각되지 않는다. 예컨대 그런 종류의 겨루기와 거의 무관했던 여성들의 오른손 선호는 어떻게 설명할 것인가?

(나) 오른손을 귀하게 여기고 왼손을 천대하는 현상은 어쩌면 산업화 이전 사회에서 배변 후 사용할 휴지가 없었다는 사실과 관련이 있을 법하다. 인류 역사에서 대부분의 기간 동안 배변 후 뒤처리를 담당한 것은 맨손이었다. 맨손으로 배변 뒤처리를 하는 것은 불쾌할 뿐더러 병균을 옮길 위험을 수반하는 일이었다. 이런 위험의 가능성을 낮추는 간단한 방법은 음식을 먹거나 인사할 때 다른 손을 사용하는 것이었다. 기술 발달 이전의 사회에서는 대개 왼손을 배변 뒤처리에, 오른손을 먹고 인사하는 일에 사용했다. 이런 전통에서 벗어난 행동을 보면 사람들은 기겁하지 않을 수 없었다. 오른손과 왼손의 역할 분담에 관한 관습을 따르지 않는 어린아이는 벌을 받았을 것이다.

(다) 나는 이런 배경이 인간 사회에서 널리 나타나는 '오른쪽'에 대한 긍정과 '왼쪽'에 대한 ⓑ반감을 어느 정도 설명해 줄 수 있으리라고 생각한다. 그러나 이 설명은 왜 애초에 오른손이 먹는 일에, 그리고 왼손이 배변 처리에 사용되었는지 설명해주지 못한다. 확률로 말하자면 왼손이 배변 처리를 담당하게 될 확률은 1/2이다. 그렇다면 인간 사회 가운데 절반 정도는 왼손잡이 사회였어야 할 것이다. 그러나 동서양을 막론하고, 왼손잡이 사회는 확인된 바 없다. 세상에는 왜 온통 오른손잡이 사회들뿐인지에 대한 근본적인 설명은 다른 곳에서 찾아야 할 것 같다.

(라) 한쪽 손을 주로 쓰는 경향은 뇌의 좌우반구의 기능 ⓒ분화와 관련되어 있는 것으로 보인다. 보고된 증거에 따르면, 왼손잡이는 읽기와 쓰기, 개념적·논리적 사고 같은 좌반구 기능에서 오른손잡이보다 상대적으로 미약한 대신 상상력, 패턴 인식, 창의력 등 전형적인 우반구 기능에서는 상대적으로 기민한 경우가 많다.

(마) 비비원숭이의 두개골 화석을 연구함으로써 오스트랄로피테쿠스가 어느 손을 즐겨 썼는지를 추정할 수 있다. 이들이 비비원숭이를 몽둥이로 때려서 입힌 상처의 흔적이 남아 있기 때문이다. 연구에 따르면 오스트랄로피테쿠스는 약 80%가 오른손잡이였다. 이는 현대인과 거의 일치한다. 사람이 오른손을 즐겨 쓰듯 다른 동물들도 앞발 중에 더 선호하는 쪽이 있는데, 포유류에 속하는 동물들은 대개 왼발을 즐겨 쓰는 것으로 나타났다. 이들 동물에서도 뇌의 좌우반구 기능은 인간과 본질적으로 다르지 않으며, 좌우반구의 신체 ⓓ제어에서 좌우 교차가 일어난다는 점도 인간과 다르지 않다.

(바) 왼쪽과 오른쪽의 대결은 인간이라는 종의 먼 과거까지 거슬러 올라간다. 나는 이성 대 직관의 힘겨루기, 뇌의 두 반구 사이의 힘겨루기가 오른손과 왼손의 힘겨루기로 표면화된 것이 아닐까 생각한다. 즉 _____는 생각이다. 그리고 이것이 사실이라면 직관적 사고에 대한 논리적 비판은 거시적 관점에서 그 타당성을 의심해볼 만하다. 어쩌면 뇌의 우반구 역시 좌반구의 권력을 못마땅하게 여기고 있는지도 모른다. 다만 논리적인 언어로 반론을 펴지 못할 뿐.

45 위 글의 (나)와 (마)문단에 대한 설명으로 바른 것은?

① (나)를 통해 인류에 휴지가 생긴 후부터 한 손 선호 경향이 줄었음을 알 수 있다.

② (나)는 오른쪽에 대한 긍정과 왼쪽에 대한 반감을 설명할 수 있는 예시이다.

③ (마)를 통해 비비원숭이의 80%가 한 쪽 손을 선호하는 경향을 보였음을 알 수 있다.

④ (마)에 따르면 한 손을 선호하는 것이 범인류학적인 이론이며 이것은 곧 본능적인 것이라고 말하고 있다.

> (Tip) (나)는 오른쪽에 대한 긍정과 왼쪽에 대한 반감을 설명할 수 있는 예시이고 (마)는 인간뿐만 아니라 동물에게서도 좌우반구의 신체 제어에서 좌우 교차가 일어나며 한 손 선호의 경향이 뇌의 좌우반구의 기능 분화와 관련되어 있다는 주장에 대한 예시이다.

46 ⓐ~ⓓ의 의미를 잘못 설명한 것은?

① ⓐ-현상이나 사상, 행동 따위가 어떤 방향으로 기울어짐.

② ⓑ-절반으로 줆. 또는 절반으로 줄임.

③ ⓒ-각 부분이 독특한 구조와 기능을 가지는 쪽으로 세분되는 과정.

④ ⓓ-감정, 충동, 생각 따위를 막거나 누름.

> (Tip) 반감 … 반대하거나 반항하는 감정.

47 위 글의 (바)문단 빈칸에 들어가기 적절한 문장은?

① 원숭이 두개골 화석에서 발견된 왼손 선호에 관한 유전자가 오스트랄로피테쿠스에서 동일하게 나타나며 인간에게도 발현되었다.

② 현대에 나타나는 오른손 선호가 있기까지 역사학적으로 왼손 선호와 오른손 선호가 비등하게 나타났다.

③ 오른손이 원래 왼손보다 더 능숙했기 때문이 아니라 뇌의 좌반구가 인간의 행동을 지배하는 권력을 갖게 되었기 때문에 오른손 선호에 이르렀다.

④ 인류 역사에서 대부분의 시간에서 '오른쪽'에 대한 긍정과 '왼쪽'에 대한 반감이 문화적으로 계속되어왔음이 분명하다.

> (Tip) 빈칸의 앞 문장에서 뇌의 두 반구 사이의 힘겨루기가 두 손의 사용으로 표면화된 것일지도 모른다고 말하고 있으며 빈칸에서 이를 정리하고 있으므로 뇌의 영향에 의한 내용인 ③이 뒤이어 오는 것이 적당하다.

Answer↱ 45.② 46.② 47.③

|48~50| 다음 글을 읽고 물음에 답하시오.

(가) 나는 평강공주와 함께 온달산성을 걷는 동안 내내 '능력 있고 편하게 해줄 사람'을 찾는 당신이 생각났습니다. '신데렐라의 꿈'을 버리지 못하고 있는 당신이 안타까웠습니다. 현대사회에서 평가되는 능력이란 인간적 품성이 도외시된 ⊙'경쟁적 능력'입니다. 그것은 다른 사람들의 낙오와 좌절 이후에 얻을 수 있는 것으로 한마디로 숨겨진 칼처럼 매우 ⓒ비정한 것입니다. 그러한 능력의 품속에 안주하려는 우리의 소망이 과연 어떤 실상을 갖는 것인 지 고민해야 할 것입니다. - 중략 -

'편안함' 그것도 경계해야 할 대상이기는 마찬가지입니다. 편안함은 흐르지 않는 강물이기 때문입니다. '불편함'은 ⓐ흐르는 강물입니다. 흐르는 강물은 수많은 소리와 풍경을 그 속에 담고 있는 추억의 물이며 어딘가를 희망하는 잠들지 않는 물입니다.

당신은 평강공주의 삶이 남편의 입신(立身)이라는 가부장적 한계를 뛰어넘지 못한 것이라고 하였습니다만 산다는 것은 살리는 것입니다. 살림(生)입니다. 그리고 당신은 자신이 공주가 아니기 때문에 평강공주가 될 수 없다고 하지만 살림이란 '뜻의 살림'입니다. ⓒ세속적 성취와는 상관없는 것이기도 합니다. 그런 점에서 나는 평강공주의 이야기는 한 여인의 사랑의 메시지가 아니라 그것을 뛰어넘은 '삶의 메시지'라고 생각합니다.

(나) 왕십리의 배추, 살곶이다리의 무, 석교의 가지, 오이, 수박, 호박, 연희궁의 고추, 마늘, 부추, 파, 염교 청파의 물미나리, 이태원의 토란 따위를 심는 밭들은 그 중 상의 상을 골라 심는다고 하더라도, 그들이 모두 엄씨의 똥거름을 가져다가 걸쭉하게 가꿔야만, 해마다 육천 냥이나 되는 돈을 번다는 거야. 그렇지만 엄 행수는 아침에 밥 한 그릇만 먹고도 기분이 만족해지고, 저녁에도 밥 한 그릇뿐이지. 누가 고기를 좀 먹으라고 권하면 고기반찬이나 나물 반찬이나 목구멍 아래로 내려가서 배부르기는 마찬가지인데 입맛에 당기는 것을 찾아 먹어서는 무얼 하느냐고 하네. 또, 옷과 갓을 차리라고 권하면 넓은 소매를 휘두르기에 익숙지도 못하거니와, 새 옷을 입고서는 짐을 지고 다닐 수가 없다고 대답하네.

해마다 정원 초하룻날이 되면 비로소 갓을 쓰고 띠를 띠며, 새 옷에다 새 신을 신고, 이웃 동네 어른들에게 두루 돌아다니며 세배를 올린다네. 그리고 돌아와서는 옛 옷을 찾아 다시 입고 다시금 흙 삼태기를 메고는 동네 한복판으로 들어가는 거지. 엄 행수야말로 자기의 모든 덕행을 저 더러운 똥거름 속에다 커다랗게 파묻고, 이 세상에 참된 은사 노릇을 하는 자가 아니겠는가?

엄 행수는 똥과 거름을 져 날라서 스스로 먹을 것을 장만하기 때문에, 그를 '지극히 조촐하지는 않다'고 말할지는 모르겠네. 그러나 그가 먹을거리를 장만하는 방법은 지극히 향기로웠으며, 그의 몸가짐은 지극히 더러웠지만 그가 정의를 지킨 자세는 지극히 고항했으니, 그의 뜻을 따져 본다면 비록 만종의 녹을 준다고 하더라도 바꾸지 않을 걸세. 이런 것들로 살펴본다면 세상에는 조촐하다면서 조촐하지 못한 자도 있거니와, 더럽다면서 ②더럽지 않은 자도 있다네.

누구든지 그 마음에 도둑질할 뜻이 없다면 엄 행수를 가륵하게 여기지 않을 사람이 없을 거야. 그리고 그의 마음을 미루어 확대시킨다면 성인의 경지에라도 이를 수 있을 거야. 대체 선비가 좀 궁하다고 궁기를 떨어도 수치스런 노릇이요, 출세한 다음 제 몸만 받들기에 급급해도 수치스러운 노릇일세. 아마 엄 행수를 보기에 부끄럽지 않을 사람이 거의 드물 것이네. 그러니 내가 엄 행수더러 스승이라고 부를지언정 어찌 감히 벗이라고 부르겠는가? 그러기에 내가 엄 행수의 이름을 감히 부르지 못하고 '예덕 선생'이란 호를 지어 일컫는 것이라네.

48 (개)와 (내)에 대한 설명으로 적절한 것은?

① (개)는 대립되는 의미를 나열하여 주제를 부각하고, (내)는 인물의 행위와 그에 따른 의견을 중심으로 전개한다.

② (개)는 함축적인 언어를 통해 대상을 상징화시키고, (내)는 사실적인 진술을 통해 판단을 독자에게 맡기고 있다.

③ (개)는 간결한 문장을 사용하여 단정적인 느낌을 준다.

④ (내)는 나의 대화를 통해 주인공의 부정적 성격을 풍자한다.

 (개)는 '당신'의 편안함과, 평강공주의 '불편함'을 대립시켜 현대사회의 바람직한 인간형을 제시하고, (내)는 예덕선생의 구체적인 행동과 그 의미를 서술자가 평가하여 주제를 전달하고 있다.
② (개)는 산문이므로 함축이 없고, (내)는 글쓴이의 판단이 나타난다.
③ (개) 문장의 길이가 긴 만연체이다.
④ (내) 주인공의 긍정적 성격을 그린다.

49 ⊙~㉣ 중에서 (개)의 ⓐ와 그 의미가 가장 가까운 것은?

① ⊙ 경쟁적 능력 　　　　② ㉡ 비정

③ ㉢ 세속적 성취 　　　　④ ㉣ 더럽지 않은 자

 ④ 편안함은 경계해야 할 대상이지만, 흐르는 강물은 불편함이며, 추억과 희망의 긍정적 의미를 가진다.

50 (개)의 글쓴이와 (내)의 글쓴이가 대화를 나눈다고 할 때 적절하지 않은 것은?

① (개): 저는 세속적 편안함을 거부한 한 여인의 삶을 통해 현대인들에게 깨달음을 주려 했습니다.

② (내): 그 깨달음은 자신의 자리에서 묵묵히 일하는 '엄 행수'의 삶과도 연결될 수 있겠군요.

③ (개): 하지만, 현대인들의 무모한 욕심이 인간의 생명을 경시하는 풍조를 만들게 되었습니다.

④ (내): 맞습니다. 그렇기에 노동과 땀의 가치가 더욱 중요한 것이겠지요.

 ③ 인간의 무모한 욕심이 생명경시를 만들어 낸 것은 아니다. 본문에서 언급된 것은 능력으로 인한 비정과, 편안함에 안주하려는 태도이다.

Answer▸ 48.① 49.④ 50.③

▮1~5▮ 다음 주어진 값의 단위변환이 올바른 것을 고르시오.

1

$$0.5\text{kg} = (\qquad)$$

① $5,000,000\mu\,\text{g}$　　　　　　② 50g

③ $500,000\text{mg}$　　　　　　　④ 0.005t

> (Tip) $0.5\text{kg} = 500\text{g} = 500,000\text{mg} = 500,000,000\mu\,\text{g} = 0.0005\text{t}$

2

$$4.1\ell = (\qquad)$$

① $410\text{d}\ell$　　　　　　　② $4,100\text{cc}$

③ 0.041m^3　　　　　　　④ 41cm^3

> (Tip) $4.1\ell = 41\text{d}\ell = 4,100\text{cc} = 0.0041\text{m}^3 = 4,100\text{cm}^3$

3

$$3,800\text{cm}^3 = (\qquad)$$

① 380cc

② 38,000㎖

③ 0.38ℓ

④ 38㎗

 $3,800\text{cm}^3 = 3,800\text{cc} = 3,800㎖ = 3.8ℓ = 38㎗$

4

$$1\text{atm} = (\qquad)$$

① 1,013.25Pa

② 101.325hPa

③ 760mmHg

④ 1.01325mb

 $1\text{atm} = 101,325\text{Pa} = 1,013.25\text{hPa} = 760\text{mmHg} = 1,013.25\text{mb}$

5

$$5\text{m/s} = (\qquad)$$

① 3km/min

② 0.05km/s

③ 1,800m/h

④ 18km/h

 $5\text{m/s} = 0.3\text{km/min} = 0.005\text{km/s} = 18,000\text{m/h} = 18\text{km/h}$

Answer ⌐→ 1.③ 2.② 3.④ 4.③ 5.④

❙6~10❙ 다음 식을 계산하여 알맞은 답을 고르시오.

6

> 5할9푼 × 10

① 59 ② 0.59

③ 5.9 ④ 0.05

 5할9푼 = 0.59
$0.59 \times 10 = 5.9$

7

> 385×647

① 236570 ② 249095

③ 203445 ④ 267130

 $385 \times 647 = 249095$

8

> $17 + \dfrac{35}{54} \times 3^3$

① 34.5 ② 34.0

③ 33.5 ④ 33.0

 $17 + \dfrac{35}{54} \times 3^3 = 17 + \dfrac{35}{54} \times 27 = \dfrac{34}{2} + \dfrac{35}{2} = 34.5$

9

$$6.02 \times 10^{23} \times 15$$

① 9.03×10^{23}　　　　　　　② 9.03×10^{24}

③ 9.03×10^{25}　　　　　　　④ 9.03×10^{26}

(Tip)　$6.02 \times 10^{23} \times 15 = 90.3 \times 10^{23} = 9.03 \times 10^{24}$

10

$$37.823 + 14.375 - 45.398$$

① 6.8　　　　　　　② 6.9

③ 7.1　　　　　　　④ 7.2

(Tip)　$37.823 + 14.375 - 45.398 = 6.8$

Answer → 6.③ 7.② 8.① 9.② 10.①

▮11~15▮ 다음 계산식 중 괄호 안에 들어갈 알맞은 수를 고르시오.

11

$$86 - (\quad) \div 3 = 54$$

① 84   ② 90

③ 96   ④ 102

 $86 - (96) \div 3 = 54$

12

$$\{(3 - 6) \times 2\} \times (\quad) = 6$$

① −2   ② −1

③ 1   ④ 2

 $\{(3 - 6) \times 2\} \times (-1) = 6$

13

$$31 \times 2^5 \div (\quad) = 248$$

① 2^1 ② 2^2

③ 2^3 ④ 2^4

(Tip) $31 \times 2^5 \div (4) = 248$

14

$$2 \times (\quad) - 1978 = 4578$$

① 2638　② 2898
③ 3018　④ 3278

Tip $2 \times 3278 - 1978 = 6556 - 1978 = 4578$

15

$$2^5 \times 3^2 \div (\quad) = 24$$

① 8　② 12
③ 9　④ 15

Tip $2^5 \times 3^2 \div (12) = 24$

Answer 11.③ 12.② 13.② 14.④ 15.②

▌16~25 ▐ 다음 주어진 수의 대소 관계를 바르게 비교한 것을 고르시오.

16

$A: \sqrt{38}+9$

B: 밑변이 4cm, 높이가 7cm인 삼각형의 넓이

① $A \rangle B$ ② $A \langle B$

③ $A = B$ ④ 알 수 없다.

 $A: 6 < \sqrt{38} < 7 \Rightarrow 15 < \sqrt{38}+9 < 16$

$B: 4 \times 7 \times \dfrac{1}{2} = 14$

17

$A : 4\dfrac{3}{5}$ $B : 3\dfrac{5}{4}$

① $A > B$ ② $A < B$

③ $A = B$ ④ 알 수 없다.

 $A = \dfrac{23}{5} = \dfrac{92}{20}$, $B = \dfrac{17}{4} = \dfrac{85}{20}$

$\therefore A > B$

18

$A : \sqrt{8}-1$ $B : 2$

① $A > B$ ② $A < B$

③ $A = B$ ④ 알 수 없다.

 $2 < \sqrt{8} < 3$

$\Rightarrow 1 < \sqrt{8}-1 < 2$

$\therefore A < B$

19

$$A : 2 + \sqrt{7} \qquad\qquad B : \sqrt{5} + 3$$

① $A > B$　　　　　　② $A < B$

③ $A = B$　　　　　　④ 알 수 없다.

 Tip $A: 2 < \sqrt{7} < 3$
　　　　$\Rightarrow 4 < 2 + \sqrt{7} < 5$
　　　$B: 2 < \sqrt{5} < 3$
　　　　$\Rightarrow 5 < \sqrt{5} + 3 < 6$
　　　$\therefore A < B$

20

$$A : 0.18 \qquad\qquad B : \frac{2}{11}$$

① $A > B$　　　　　　② $A < B$

③ $A = B$　　　　　　④ 알 수 없다.

 Tip $B = \dfrac{2}{11} = 0.1818\cdots$
　　　$\therefore A < B$

21

$2a < 3b + 7$일 때,
$A : a + b + 7 \qquad\qquad B : 4b - a$

① $A > B$　　　　　　② $A < B$

③ $A = B$　　　　　　④ 알 수 없다.

 Tip $2a - 3b < 7$
$A - B = 2a - 3b + 7 < 14$
$\therefore A$와 B의 대소를 비교할 수 없다.

Answer ⌐→ 16.① 17.① 18.② 19.② 20.② 21.④

22

> $3a = b + 21$일 때,
>
> $A : 5a + 2b - 7$ $\qquad\qquad$ $B : 2a + 3b + 14$

① $A > B$ $\qquad\qquad$ ② $A < B$

③ $A = B$ $\qquad\qquad$ ④ 알 수 없다.

 $A - B = 3a - b - 21 = 0$
$\therefore A = B$

23

> $A :$ 5시와 6시 사이에 시침과 분침이 만날 때의 분
>
> $B : 28$

① $A > B$ $\qquad\qquad$ ② $A < B$

③ $A = B$ $\qquad\qquad$ ④ 알 수 없다.

 5시와 6시 사이에 시침과 분침이 만날 때를 5시 A분이라고 할 때,
12시를 기준으로 시침의 각도는 $150 + 30 \times \dfrac{A}{60}$, 분침의 각도는 $6A$이므로

$150 + 30 \times \dfrac{A}{60} = 6A$

$A = 27.2727\cdots$ 이므로 $A < B$

24

> $A :$ 정팔면체의 모서리 수를 X, 꼭짓점 수를 Y라고 할 때, $3X + 5Y$의 값
>
> $B :$ 144와 360의 최대공약수

① $A > B$ $\qquad\qquad$ ② $A < B$

③ $A = B$ $\qquad\qquad$ ④ 알 수 없다.

 $A :$ 정팔면체의 모서리 수는 12, 꼭짓점 수는 6이므로 $3X + 5Y = 66$
$B : 144 = 2^4 \times 3^2$, $360 = 2^3 \times 3^2 \times 5$ 이므로 최대공약수는 $2^3 \times 3^2 = 72$
$\therefore A < B$

25

> A : 1, 2, 3, 4가 각각 적힌 카드 네 장을 한 번씩 사용하여 세 자리 수를 만들 때 140 이상이 되는 경우의 수
>
> B : 21

① $A > B$ ② $A < B$

③ $A = B$ ④ 알 수 없다.

 1□□일 때 140 이상인 경우는 142, 143이고,

2□□, 3□□, 4□□은 무조건 140 이상이므로 $3(3 \times 2) = 18$

∴ 총 경우의 수는 20이므로 $A < B$

▌26~27 ▌ 다음 질문에 알맞은 답을 고르시오.

> 어느 공장에 인형을 조립하는 기계는 1개의 인형을 조립하는데 3분이 걸리고, 인형을 포장하는 기계는 1개의 인형을 포장하는데 5분이 걸린다. 이 공장의 오전 업무시간은 9시~12시, 오후 업무시간은 1시~6시이고, 업무시간 이외의 시간에는 기계를 가동시키지 않는다.

26 오전 업무시간 동안 조립기계 2대만 가동하고, 오후 업무시간 동안 조립기계 2대와 포장기계 3대를 동시에 가동할 때, 하루 업무를 끝낸 시점에 포장되지 않고 남아있는 인형은 몇 개인가? (단, 어제 포장되지 않고 남아있는 인형은 없었다.)

① 120개   ② 140개

③ 200개   ④ 220개

 오전(180분) 동안 조립되는 인형의 수 : $\dfrac{180}{3} \times 2 = 120$(개)

오후(300분) 동안 조립되는 인형의 수 : $\dfrac{300}{3} \times 2 = 200$(개)

오후(300분) 동안 포장되는 인형의 수 : $\dfrac{300}{5} \times 3 = 180$(개)

∴ $120 + 200 - 180 = 140$(개)

Answer ☞ 22.③ 23.② 24.② 25.② 26.②

27 업무시간동안 조립기계 1대와 포장기계 3대를 동시에 가동하는데 더 이상 포장할 인형이 없는 시점에 포장기계는 가동을 중지하고 더 이상 작동시키지 않을 때, 포장기계가 가동을 중지하는 시간은 몇 시인가? (단, 전날 포장되지 않고 남아있는 인형의 수는 96개이다.)

① 3시   ② 3시 20분

③ 4시   ④ 4시 40분

 기계가 돌아가는 시간을 x분이라 할 때, 더 이상 포장할 인형이 없는 시점은 조립된 인형과 포장된 인형의 개수가 같아지는 시점이므로 $96 + \frac{x}{3} = \frac{x}{5} \times 3$이다. $x = 360$(분)이므로 6시간이 지나면 포장할 인형이 없어진다. 오전 9시에 업무를 시작해서 중간에 1시간 휴식이 있으므로 오후 4시에 포장기계가 가동을 중지한다.

28 A사의 직원은 총 180명이고, 이 중 남직원의 62.5%와 여직원의 85%가 안경을 착용하고 있다. A사에서 안경을 쓴 직원이 전체 직원의 75%일 때, 안경을 쓴 여직원의 수는 얼마인가?

① 75명   ② 80명

③ 82명   ④ 85명

 다음과 같은 간단한 연립방정식을 세울 수 있다. 남직원의 수를 x, 여직원의 수를 y라 하면,

$x + y = 180$ ··· ㉠

$0.625x + 0.85y = 0.75 \times 180 \rightarrow 6.25x + 8.5y = 1,350$ ··· ㉡

가 성립한다. 위의 식 ㉠에 8.5를 곱하여 ㉠－㉡ → $2.25x = 180$가 되어 $x = 80$, $y = 100$명이 된다. 따라서 안경을 쓴 여직원의 수는 $0.85 \times 100 = 85$명이 된다.

29 등산을 하는데 팔각정까지 올라갈 때는 시속 2km로 걷고, 내려올 때는 같은 길을 시속 3km로 걸어서 총 4시간이 걸렸다. 출발 지점에서 팔각정까지의 거리는 얼마인가

① 4.2km

② 4.4km

③ 4.5km

④ 4.8km

 x km 떨어진 지점까지 갔다온다고 하면 $\dfrac{x}{2} + \dfrac{x}{3} = 4$, $3x + 2x = 24$, $5x = 24$, $x = \dfrac{24}{5} = 4.8$ 이다.

따라서 출발 지점에서 팔각정까지의 거리는 4.8km이다.

30 다음 자료는 과제별 구성 팀원을 조사한 결과를 나타낸 것이다. 보기의 ⓐ, ⓑ, ⓒ를 모두 합한 값은?

과제별 구성 팀원

구분		수상분야			합
		현장 답사	논문 분석	작품 연구	
전체 과제 수		100	100	100	300
공동 연구	3인 이하	ⓐ	29	22	82
	4인 이상	32	28	18	78
	소계	63	57	40	(ⓒ)

〈보기〉

ⓐ = 현장 답사 과제의 3인 이하 팀 수

ⓑ = 논문 분석 전체 과제 수 대비 4인 이상 팀 수

ⓒ = 빈칸의 값

① 184.32

② 191.28

③ 201.28

④ 218.32

 ⓐ = 현장 답사 과제의 3인 이하 팀 수 $= 82 - (29 + 22) = 31$

ⓑ = 논문 분석 전체과제 수 대비 4인 이상 팀 수 $= \dfrac{28}{100} = 0.28$

ⓒ = 빈칸의 값 $= 82 + 78 = 160$

ⓐ+ⓑ+ⓒ $= 31 + 0.28 + 160 = 191.28$

Answer⤷ 27..③ 28.④ 29.④ 30.②

31 14%의 소금물 250g을 하루 동안 두었더니 190g이 되었다. 여기에 소금 10g을 더 첨가한 소금물의 농도는 얼마인가?

① 20.5%

② 21.5%

③ 22.5%

④ 23.5%

 $$\frac{35+10}{190+10} \times 100 = 22.5\%$$

32 한주는 주말에 피자를 시켜먹을 예정이다. 다음 중 가장 저렴한 메뉴를 주문한다면 한주가 주문할 피자는?(단, 한주는 **통신사 멤버십 회원이다.)

메뉴	가격	비고
페퍼로니 피자	23,600	―
포테이토 피자	21,000	매주 수요일 45%할인
스테이크 피자	31,000	**통신사 멤버십 35% 할인
슈림프 피자	35,900	신 메뉴 행사 40% 할인

① 페퍼로니 피자

② 포테이토 피자

③ 스테이크 피자

④ 슈림프 피자

(Tip) 다음은 한주가 지불하게 될 피자의 금액이다.

메뉴	가격	비고
페퍼로니 피자	23,600	―
포테이토 피자	21,000	주말은 할인사항 없음
스테이크 피자	20,150	**통신사 멤버십 35% 할인
슈림프 피자	21,540	신 메뉴 행사 40% 할인

33 주어진 그림과 같은 게임 판에 지뢰를 클릭하면 게임이 끝나고, 한번 누른 칸은 다시 누를 수 없다. 두 번째 클릭에서 게임이 끝날 확률은 얼마인가?

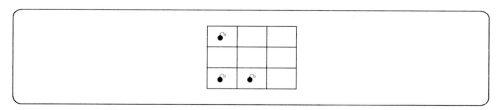

① 0.22

② 0.25

③ 0.28

④ 0.31

 두 번째 클릭에서 게임이 끝나려면, 첫 번째는 지뢰가 아닌 곳을 클릭하고, 두 번째에 지뢰를 클릭해야 한다.

$$\therefore \frac{6}{9} \times \frac{3}{8} = \frac{3}{12} = 0.25$$

34 다음은 한 건강식품 브랜드에서 신제품의 소비자 반응을 조사하여 평점을 기록한 표이다. 다음 중 A제품의 평균 평점으로 올바른 것은 어느 것인가?

평점 구분	응답자 수
20점 미만	12명
20점 ~ 40점 미만	15명
40점 ~ 60점 미만	28명
60점 ~ 80점 미만	36명
80점 ~ 100점 미만	14명
100점	25명
합계	130명

① 약 63.5점

② 약 65.3점

③ 약 66.4점

④ 약 67.2점

 각 구간의 정확한 변량이 제시되지 않은 문제는 구간의 평균값인 '계급값'을 구간의 점수로 하여 계산한다. 따라서 다음과 같이 계산하여 평균을 구할 수 있다.

$10 \times 12 + 30 \times 15 + 50 \times 28 + 70 \times 36 + 90 \times 14 + 100 \times 25 = 8,250$

$8,250 \div 130 =$ 약 63.5점이 된다.

Answer ⏎ **31.**③ **32.**③ **33.**② **34.**①

35 톱니의 개수가 각각 36, 84인 톱니바퀴 A, B가 서로 맞물려 돌아가고 있다. 두 톱니바퀴가 회전을 시작하여 다시 같은 톱니에서 맞물릴 때까지, A, B가 회전한 바퀴수를 각각 a, b라고 할 때 a+b의 값은?

① 10

② 11

③ 12

④ 13

 두 톱니바퀴가 다시 같은 톱니에서 맞물릴 때까지 돌아간 톱니의 개수는 36과 84의 최소공배수이므로 $2^2 \times 3^2 \times 7 = 252$이다. 따라서 두 톱니바퀴가 다시 같은 톱니에서 맞물리는 것은 A가 252÷36=7(바퀴), B가 252÷84=3(바퀴) 회전한 후이다. 그러므로 a+b=10이다.

36 다음 그림에서 구분되는 네 부분에 서로 다른 색을 칠하려 한다. 7가지 색깔에서 4가지 색을 칠하려 한다면 방법의 수는?

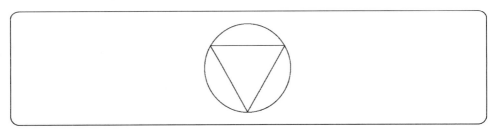

① 190가지

② 230가지

③ 280가지

④ 320가지

 7가지 색에서 4가지 색을 선택하는 방법의 수는 $_7C_4$, 선택된 4가지 색에서 1가지 색을 선택하는 방법의 수는 $_4C_1$이고 이것을 가운데 ▽부분에 칠하며, 나머지 3가지 색을 둘레에 칠하는 방법의 수는 원순열에 해당하므로 $(3-1)!$

∴ $_7C_4 \times _4C_1 \times (3-1)! = 280$(가지)

37 구리와 아연을 4 : 3의 비율로 섞은 합금 A와 구리와 아연을 2 : 3으로 섞은 합금 B가 있다. 이 두 종류의 합금을 녹여 구리와 아연을 10 : 9의 비율로 섞은 합금 950g을 만들려고 한다. 필요한 두 합금 A, B의 양을 각각 구하면?

① A=400g, B=550g

② A=500g, B=450g

③ A=650g, B=300g

④ A=700g, B=250g

 A 합금의 양을 x, B 합금의 양을 y라 하면

$\dfrac{4}{7}x + \dfrac{2}{5}y = \dfrac{10}{19} \times 950 \Rightarrow 10x + 7y = 8750$

$\dfrac{3}{7}x + \dfrac{3}{5}y = \dfrac{9}{19} \times 950 \Rightarrow 5x + 7y = 5250$

두 식을 연립하면 A $= x = 700$g, B $= y = 250$g

38 20,000원을 모두 사용해서 800원짜리 색연필과 2,000원짜리 볼펜을 종류에 상관없이 최대한 많이 산다고 할 때 색연필과 볼펜을 합하여 총 몇 개를 살 수 있는가? (단, 색연필과 볼펜 모두 한 개 이상 사야한다.)

① 25개

② 22개

③ 20개

④ 16개

 색연필 구매 개수를 x, 볼펜 구매 개수를 y라 할 때,
$800x + 2000y = 20000$인 정수 x, y는 (5, 8), (10, 6), (15, 4), (20, 2)이므로 종류에 상관없이 최대한 많이 살 수 있는 경우는 (20, 2)로 총 22개를 살 수 있다.

39 원가가 2,200원인 상품을 3할의 이익이 남도록 정가를 책정하였다. 하지만 판매부진으로 할인하여 판매하였고, 할인가가 원가보다 484원 저렴했다. 그렇다면 정가의 얼마를 할인한 것인가?

① 2할2푼

② 3할

③ 3할5푼

④ 4할

 정가 $= 2200(1 + 0.3) = 2860$(원)
할인율을 x라 하면 $2860 \times (1 - x) - 2200 = -484$이므로
$2860 - 2860x = 1716$
$x = 0.4$
즉, 4할을 할인한 것이다.

Answer ┌→ 35.① 36.③ 37.④ 38.② 39.④

40 올해 엄마와 딸의 나이를 합하면 38이다. 아들은 딸보다 두 살 어리고, 3년 후의 딸과 아들의 나이를 합하면 20일 때, 올해 엄마의 나이는 몇 살인가?

① 28세　　　　　　　　　　　　　② 30세

③ 32세　　　　　　　　　　　　　④ 34세

 딸의 나이를 x세라 할 때, 엄마의 나이는 $38-x$세, 아들의 나이는 $x-2$세이다.

3년 후 딸과 아들의 나이의 합을 구하는 식은 $(x+3)+(x-2+3)=20$이므로, 딸의 올해 나이는 8세이다.

∴ 올해 엄마의 나이는 30세이다.

41 A전자마트에서 TV는 원가의 10%를 더하여 정가를 정하고, 에어컨은 원가의 5%를 더하여 정가를 정하는데 직원의 실수로 TV와 에어컨의 이익률을 반대로 계산했다. TV 15대, 에어컨 10대를 판매한 후에야 이 실수를 알았을 때, 제대로 계산했을 때와 잘못 계산했을 때의 손익계산으로 옳은 것은? (단, TV가 에어컨보다 원가가 높고, TV와 에어컨 원가의 차는 20만 원, 잘못 계산된 정가의 합은 150만 원이다.)

① 60만 원 이익　　　　　　　　　② 60만 원 손해

③ 30만 원 이익　　　　　　　　　④ 30만 원 손해

 TV의 원가를 x, 에어컨의 원가를 y라 할 때,

$x-y=20$만 원

$1.05x+1.1y=150$만 원

두 식을 연립하여 풀면 $x=80$, $y=60$이다.

㉠ 잘못 계산된 정가

　　TV : 1.05×80만 $=84$만 원

　　에어컨 : 1.1×60만 $=66$만 원 이므로

　　TV 15대, 에어컨 10대의 가격은 $84\times15+66\times10=1,260+660=1,920$만 원

㉡ 제대로 계산된 정가

　　TV : 1.1×80만 $=88$만 원

　　에어컨 : 1.05×60만 $=63$만 원 이므로

　　TV 15대, 에어컨 10대의 가격은 $88\times15+63\times10=1,320+630=1,950$만 원

∴ 30만 원 손해

42 두 자리의 자연수에 대하여 각 자리의 숫자의 합은 11이고, 이 자연수의 십의 자리 숫자와 일의 자리 숫자를 바꾼 수의 3배 보다 5 큰 수는 처음 자연수와 같다고 한다. 처음 자연수의 십의 자리 숫자는?

① 9   ② 7

③ 5   ④ 3

 십의 자리 숫자를 x, 일의 자리 숫자를 y라고 할 때,

$x + y = 11 \cdots ㉠$

$3(10y + x) + 5 = 10x + y \cdots ㉡$

㉡을 전개하여 정리하면 $-7x + 29y = -5$이므로

㉠ $\times 7 +$ ㉡을 계산하면 $36y = 72$

따라서 $y = 2$, $x = 9$이다.

43 갑동이는 올해 10살이다. 엄마의 나이는 갑동이와 누나의 나이를 합한 값의 두 배이고, 3년 후의 엄마의 나이는 누나의 나이의 세 배일 때, 올해 누나의 나이는 얼마인가?

① 12세   ② 13세

③ 14세   ④ 15세

 누나의 나이를 x, 엄마의 나이를 y라 하면,

$2(10 + x) = y$

$3(x + 3) = y + 3$

두 식을 연립하여 풀면,

$x = 14(세)$

Answer ↪ 40.② 41.④ 42.① 43.③

44 다음은 통신사 A, B의 휴대폰 요금표이다. 통신사 B를 선택한 사람의 통화량이 최소 몇 분이 넘어야 통신사 A를 선택했을 때 보다 이익인가?

통신사	월별 기본료	월별 무료통화	초과 1분당 통화료
A	40,000원	300분	60원
B	50,000원	400분	50원

① 500분　　　　　　　　　　② 600분

③ 700분　　　　　　　　　　④ 800분

 통화량이 x분인 사람의 요금은
통신사 A의 경우 $40,000 + 60(x - 300)$, 통신사 B의 경우 $50,000 + 50(x - 400)$이므로
$50,000 + 50(x - 400) < 40,000 + 60(x - 300)$일 때 A를 선택했을 때보다 더 이익이다.
$\therefore x > 800(분)$

45 서원산에는 등산로 A와 A보다 2km 더 긴 등산로 B가 있다. 민경이가 하루는 등산로 A로 올라갈 때는 시속 2km, 내려올 때는 시속 6km의 속도로 등산을 했고, 다른 날은 등산로 B로 올라갈 때는 시속 3km, 내려올 때는 시속 5km의 속도로 등산을 했다. 이틀 모두 동일한 시간에 등산을 마쳤을 때, 등산로 A, B의 거리의 합은?

① 16km　　　　　　　　　　② 18km

③ 20km　　　　　　　　　　④ 22km

 등산로 A의 거리를 $a$km, 등산로 B의 거리를 $(a+2)$km라 하면
$\dfrac{a}{2} + \dfrac{a}{6} = \dfrac{a+2}{3} + \dfrac{a+2}{5}$이므로
$a = 8$km
$\therefore$ 등산로 A와 B의 거리의 합 18km

46 다음은 지방섭취량과 혈중 납량의 관계 그래프이다. 이에 대한 설명으로 옳지 않은 것은?

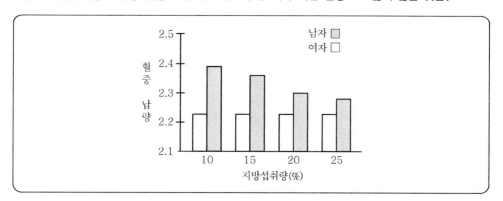

① 지방섭취량과 혈중 납량은 반비례의 관계이다.

② 남자의 경우 적절한 지방섭취는 혈액 중의 납 농도를 감소시킨다.

③ 여자의 경우 지방의 적정 권장량을 먹는 사람(25% 지방섭취량)이 10% 정도로 적게 섭취하는 사람과 혈중 납이 비슷한 결과를 보인다.

④ 남자의 경우 지방의 적정 권장량을 먹는 사람(25% 지방섭취량)이 10% 정도로 적게 섭취하는 사람보다 혈중 납이 줄어드는 결과를 보인다.

Tip 남자의 경우 지방섭취량이 증가할수록 혈중 납 농도가 감소하나 여자의 경우 혈중 납 농도는 지방섭취량에 관계없이 일정하다.

Answer ⟶ 44.④ 45.② 46.①

47 다음은 2011년도 주요세목 체납정리 현황을 표로 나타낸 자료이다. 주어진 표를 그래프로 나타낸 것으로 옳지 않은 것은?

분야 구분	세목	소득액	법인세	부가가치세
현금정리	건수(건)	398,695	35,947	793,901
	금액(억 원)	7,619	3,046	29,690
	건당금액(만 원)	191	847	374
결손정리	건수	86,383	9,919	104,913
	금액	21,314	5,466	16,364
	건당금액	2,467	5,511	1,560
기타정리	건수	19,218	1,000	70,696
	금액	2,507	318	3,201
	건당금액	1,305	3,180	453
미정리	건수	322,349	22,265	563,646
	금액	10,362	3,032	17,815
	건당금액	321	1,362	316

① 부가가치세 체납액정리 현황

② 소득세 세납액정리 현황

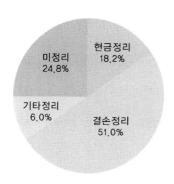

③ 주요 세목별 체납정리 금액

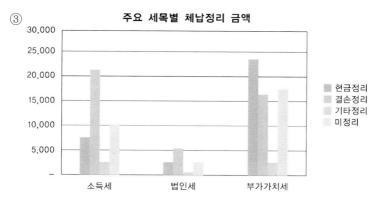

④ 주요 세목별 체납정리 건수

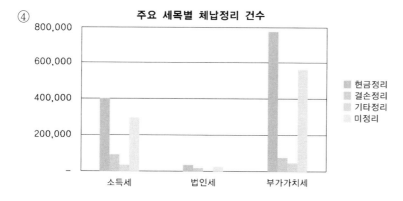

Tip ③ 현금정리 된 부가가치세는 29,690억 원으로 그래프에 잘못 표기되었다.

Answer → 47.③

48 다음은 2010~2014년 전체 산업과 보건복지산업 취업자 수를 표로 나타낸 것이다. 주어진 표를 그래프로 나타낸 것으로 옳은 것은?

(단위 : 천 명)

연도 산업 구분	2010	2011	2012	2013	2014
전체 산업	24,861	24,900	25,617	26,405	27,189
보건복지산업	1,971	2,127	2,594	2,813	3,187
보건업 및 사회복지서비스업	1,153	1,286	1,379	1,392	1,511
기타 보건복지산업	818	841	1,215	1,421	1,676

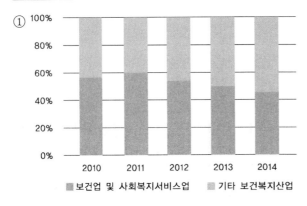

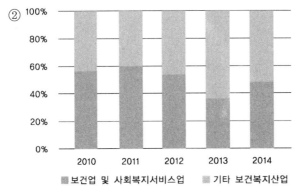

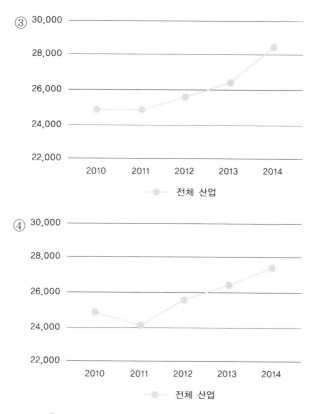

③

| | 2010 | 2011 | 2012 | 2013 | 2014 |

─●─ 전체 산업

④

─●─ 전체 산업

 ② 2013년도의 비율이 잘못되었다.

③ 2014년도의 전체 산업 취업자 수는 27,189천 명이다.

④ 2011년도의 전체 산업 취업자 수는 24,900천 명으로 2010년도 보다 증가한다.

49 자료에 대한 분석으로 옳은 것은?

〈고령 인구 규모 및 추이〉
(단위 : 천 명)

구분		2000년	2005년	증가율(%)
총인구		45,125	47,345	4.9
65세 이상		3,371	4,365	29.5
성별	남자	1,287	1,736	34.9
	여자	2,084	2,629	26.1
지역	도시	2,001	2,747	37.2
	농촌	1,370	1,618	18.1

〈지역별 고령 인구 비율〉
(단위 : %)

농촌: 14.7 (2000), 18.6 (2005)
도시: 5.5 (2000), 7.2 (2005)

① 도시의 고령화가 농촌보다 빠르게 진행되었다.

② 도시 지역은 2000년에 고령화 단계에 진입하였다.

③ 총 인구 수보다 고령 인구 수가 더 많이 증가하였다.

④ 여성 고령자의 비중이 더 크지만 증가율은 남성이 더 높다.

 ① 전체 인구에 대한 고령 인구의 비율 즉, 고령화 정도는 농촌이 도시보다 빠르게 진행되고 있다.

② 전체 인구 중 고령 인구가 차지하는 비율이 7%, 14%, 21% 이상이면 각각 고령화 사회, 고령 사회, 초고령 사회라고 한다.

③ 총 인구 수는 222만 명, 고령 인구(65세 이상) 수는 99만 4천 명 증가하였다.

50 표는 갑국의 학력별, 성별 평균 임금을 비교한 것이다. 이에 대한 옳은 분석을 〈보기〉에서 고른 것은? (단, 고졸 평균 임금은 2010년보다 2012년이 많다.)

구분	2010년	2012년
중졸 / 고졸	0.78	0.72
대졸 / 고졸	1.20	1.14
여성 / 남성	0.70	0.60

〈보기〉
㉠ 2012년 중졸 평균 임금은 2010년에 비해 감소하였다.
㉡ 2012년 여성 평균 임금은 2010년에 비해 10 % 감소하였다.
㉢ 2012년 남성의 평균 임금은 여성 평균 임금의 2배보다 적다.
㉣ 중졸과 대졸 간 평균 임금의 차이는 2010년보다 2012년이 크다.

① ㉠㉡   ② ㉠㉢
③ ㉡㉢   ④ ㉢㉣

  ㉢ 2012년 여성 평균 임금이 남성 평균 임금의 60%이므로 남성 평균 임금은 여성 평균 임금의 2배가 되지 않는다.

㉣ 고졸 평균 임금 대비 중졸 평균 임금의 값과 고졸 평균 임금 대비 대졸 평균 임금의 값 간의 차이는 2010년과 2012년에 0.42로 같다. 하지만 비교의 기준인 고졸 평균 임금이 상승하였으므로 중졸과 대졸 간 평균 임금의 차이는 2010년보다 2012년이 크다.

Answer ↦ 49.④ 50.④

|1~5 | 다음 제시된 숫자의 배열을 보고 규칙을 적용하여 빈칸에 들어갈 알맞은 숫자를 고르시오.

1

> 91 89 85 82 (   ) 75 73 68

① 80

② 79

③ 78

④ 77

> **(Tip)** 제시된 수열은 첫 번째, 세 번째, 다섯 번째… 는 −6씩, 두 번째, 네 번째, 여섯 번째… 는 −7씩 변하고 있는 등차수열이다.

2

> 16 18 21 26 33 44 (   )

① 52

② 57

③ 62

④ 67

> **(Tip)** 16을 시작으로 소수의 나열이 더해진다. 16 (+2) 18 (+3) 21 (+5) 26 (+7) 33 (+11) 44 (+13) "57"

3

> 3 12 19 76 83 (   ) 339

① 328

② 330

③ 332

④ 334

> **(Tip)** 처음 숫자에서 ×4와 +7이 반복되고 있다.

4

| 10 11 9 12 8 13 ( ) |

① 5   ② 7

③ 9   ④ 11

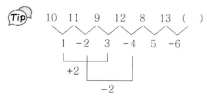

 한 항씩 건너뛰면서 숫자의 차이가 증가할 때는 +2, 감소할 때는 −2의 규칙성을 갖는다.

5

| $\dfrac{1}{2}$ $\dfrac{1}{6}$ $\dfrac{1}{18}$ ( ) $\dfrac{1}{162}$ $\dfrac{1}{486}$ |

① $\dfrac{1}{36}$ ② $\dfrac{1}{48}$

③ $\dfrac{1}{54}$ ④ $\dfrac{1}{58}$

 분자의 경우 모두 1이고 분모의 경우 3이 곱해지면서 증가하고 있다.

Answer → 1.② 2.② 3.③ 4.② 5.③

▌6~15 ▌ 다음의 일정한 규칙에 의해 배열된 수를 추리하여 ( ) 안에 알맞은 수를 고르시오.

6

> 3 5 12   4 7 25   5 6 27   6 7 ( )

① 25   ② 29

③ 39   ④ 42

 규칙성을 찾으면 $3 \times 5 - 12 = 3,\ 4 \times 7 - 25 = 3,\ 5 \times 6 - 27 = 3$이므로
$6 \times 7 - (\quad) = 3$
∴ ( ) 안에 들어갈 수는 39이다.

7

> 14 2 8   20 4 6   ( ) 6 5

① 22   ② 24

③ 28   ④ 32

 첫 번째 수를 두 번째 수로 나눈 후 그 몫에 1을 더하고 있다. 그러므로 5에서 1을 뺀 후 거기에 6을 곱하면 24가 된다.

8

> 8 3 2   14 4 3   20 6 3   ( ) 7 4

① 25   ② 27

③ 30   ④ 34

 규칙성을 찾으면 $8 = (3 \times 2) + 2,\ 14 = (4 \times 3) + 2,\ 20 = (6 \times 3) + 2$이므로
$(\quad) = (7 \times 4) + 2$
∴ ( ) 안에 들어갈 수는 30이다.

9

6 2 8 10   3 7 10 17   5 8 13 ( )

① 12

② 15

③ 18

④ 21

 규칙성을 찾으면 6 2 8 10에서 첫 번째 수와 두 번째 수를 더하면 세 번째 수가 되고 두 번째 수와 세 번째 수를 더하면 네 번째 수가 된다.

∴ ( ) 안에 들어갈 수는 21이다.

10

2 5 10 7 16   3 2 6 7 12   5 2 ( ) 6 15

① 8

② 10

③ 12

④ 14

 규칙성을 찾으면 2 5 10 7 16에서 첫 번째 수와 두 번째 수를 곱하면 세 번째 수가 나오고 세 번째 수와 네 번째 수를 더한 후 1을 빼면 다섯 번째 수가 된다.

∴ ( ) 안에 들어갈 수는 10이다.

11

J - G - L - I - N - ( )

① J

② K

③ L

④ M

 문자에 숫자를 대입하여 풀면 쉽게 풀 수 있다. 각 숫자의 차가 3으로 줄었다가 5가 더해지고 있다.

Answer ↪ 6.③ 7.② 8.③ 9.④ 10.② 11.②

12

$$S - N - K - J - E - (\quad)$$

① A
② B
③ C
④ D

 각 문자의 차가 5, 3, 1의 순서로 바뀌고 있다.

13

$$ㄱ - ㅋ - ㅈ - ㅅ - ㅁ - (\quad)$$

① ㄴ
② ㄷ
③ ㅂ
④ ㅇ

 처음 문자에 10이 더해진 후 2씩 줄어들고 있다.

14

$$ㄴ - ㄹ - ㅁ - ㅅ - ㅇ - (\quad)$$

① ㅈ
② ㅊ
③ ㅋ
④ ㅍ

 각 문자의 차가 2, 1로 반복되고 있다.

15

$$C - D - G - L - (\quad)$$

① C
② P
③ R
④ S

 처음의 문자에서 1, 3, 5의 순서로 변하므로 빈칸에는 앞의 글자에 7을 더한 문자가 와야 한다.

16~22 다음의 빈칸에 들어갈 알맞은 수를 고르시오.

16

$$12 * 2 = 4 \quad 15 * 3 = 2 \quad 20 * 4 = (\quad)$$

① 1 　　　　　　　　　② 3
③ 5 　　　　　　　　　④ 7

(Tip) 계산법칙을 유추하면 첫 번째 수를 두 번째 수로 나눈 후 두 번째 수를 빼고 있다.

17

$$4 \circ 8 = 5 \quad 7 \circ 8 = 1 \quad 9 \circ 5 = 9 \quad 3 \circ (7 \circ 2) = (\quad)$$

① 6 　　　　　　　　　② 13
③ 19 　　　　　　　　　④ 24

(Tip) 계산법칙을 유추하면 두 수를 곱한 후 십의자리 수와 일의자리 수를 더한 것에서 일의 자리만 생각한 것이다.

18

$$2 * 3 = 3 \quad 4 * 7 = 21 \quad 5 * 8 = 32 \quad 7 * (5 * 3) = (\quad)$$

① 70 　　　　　　　　　② 72
③ 74 　　　　　　　　　④ 76

(Tip) 계산법칙을 유추하면 두 수를 곱한 후 두 번째 수를 뺀 것이다.

Answer 　 12.② 13.② 14.② 15.④ 16.① 17.① 18.②

19

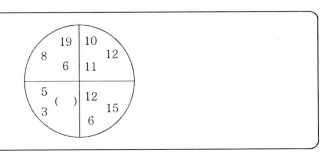

① 12
② 19
③ 25
④ 32

 원의 나누어진 한 부분의 합이 33이 되어야 한다.

20

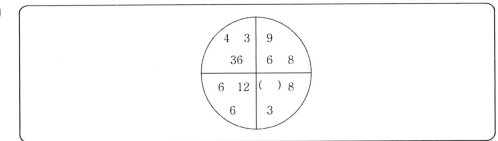

① 12
② 14
③ 16
④ 18

 원의 나누어진 한 부분의 숫자는 모두 곱하면 432가 된다.

21

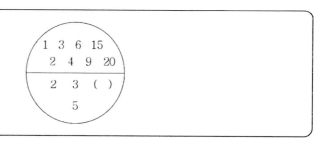

① 2

② 8

③ 14

④ 20

(Tip) 원의 위쪽 부분은 모두 더해서 60이 되고 아랫 부분은 모두 곱해서 60이 된다.

22

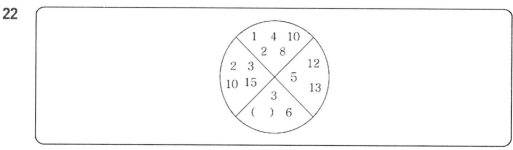

① 14

② 16

③ 18

④ 20

(Tip) 원의 나누어진 부분 중 서로 마주보는 부분의 숫자의 합이 같다.

▎23~24▎ 다음 ▲ 표시된 곳의 숫자에서부터 시계방향으로 진행하면서 숫자와의 관계를 고려하여 ? 표시된 곳에 들어갈 알맞은 숫자를 고르시오.

23

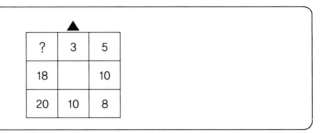

?	3	5
18		10
20	10	8

① 16 ② 18

③ 20 ④ 22

 (Tip) 각 숫자의 차가 +2, ×2, −2의 순서로 변한다.

24

5488	392	
	▲	28
76832	1075648	?

① 2 ② 4

③ 6 ④ 8

(Tip) 각 숫자에 $\frac{1}{14}$ 가 곱해지면서 변하고 있다.

| 25~35 | 다음 ?에 들어갈 알맞은 숫자를 고르시오.

25

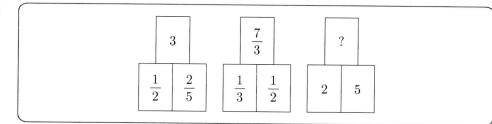

① $\dfrac{11}{5}$

② $\dfrac{17}{5}$

③ $\dfrac{11}{2}$

④ $\dfrac{17}{2}$

 ㉠ = ㉡ + $\dfrac{1}{㉢}$ 으로 계산하면 된다.

26

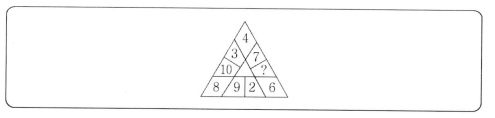

① 5

② 8

③ 11

④ 14

Tip 한 변의 숫자를 더하면 모두 25가 되어야 한다.

Answer → 23.③ 24.① 25.① 26.②

27

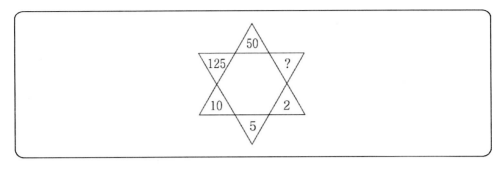

① 21   ② 23

③ 25   ④ 27

 마주 보고 있는 숫자를 곱하면 모두 250이 되어야 한다.

28

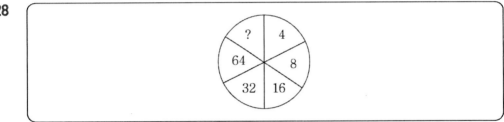

① 126   ② 127

③ 128   ④ 129

 시계 방향으로 2씩 곱해지면서 변하고 있다.

29

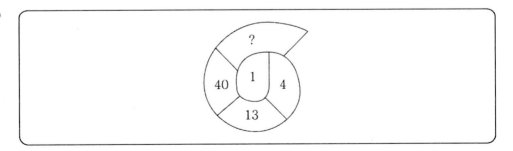

① 120   ② 121

③ 122   ④ 123

1에서부터 시계방향으로 (주어진 숫자)×3+1의 규칙으로 변하고 있다.
$1 \times 3 + 1 = 4$, $4 \times 3 + 1 = 13$, $13 \times 3 + 1 = 40$, $40 \times 3 + 1 = 121$

30

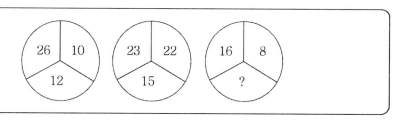

① 8

② 10

③ 12

④ 14

  $ⓒ = \dfrac{ⓐ + ⓑ}{3}$ 의 형태로 계산하면 된다.

31

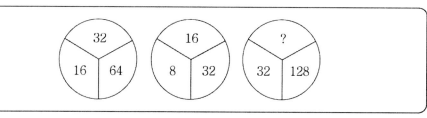

① 60

② 62

③ 64

④ 66

  ⓐ = ⓐ×4, ⓑ = ⓑ×$\dfrac{1}{2}$ 로 변하고 있다.

Answer 26.③ 27.③ 28.② 29.① 30.③

32

$\dfrac{1}{5}$	$\dfrac{1}{14}$	$\dfrac{2}{5}$	?
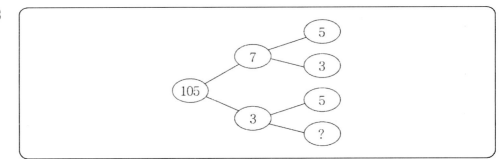			

① $\dfrac{2}{7}$　　　　　　　　　　　　② $\dfrac{2}{9}$

③ $\dfrac{2}{11}$　　　　　　　　　　　④ $\dfrac{2}{13}$

 ⬭는 분자 1을 나타내며, 분모의 경우 ⌒은 10을 나타낸다. 또한 $\dfrac{2}{5}$는 두 분수 $\dfrac{1}{3}$, $\dfrac{1}{15}$ 를 더한 값으로 표현하였다. 그러므로 ?에 들어갈 수는 $\dfrac{1}{5}+\dfrac{1}{45}=\dfrac{10}{45}=\dfrac{2}{9}$가 된다.

33

```
105 — 7 — 5
        — 3
    — 3 — 5
        — ?
```

① 5　　　　　　　　　　　　② 7

③ 9　　　　　　　　　　　　④ 11

Tip 맨 끝의 숫자 2개가 곱해진 수에 가운데 수가 곱해져 105가 된다.

34

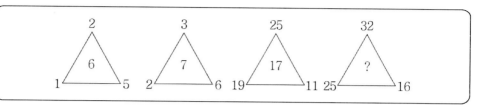

① 14

② 17

③ 20

④ 23

 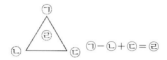

35

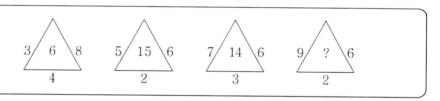

① 27

② 30

③ 33

④ 36

┃36~42┃ 다음에 제시된 단어와 같은 관계가 되도록 괄호 안에 들어갈 적절한 단어를 고르시오.

36

> 사과 : 홍옥 = 포도 : (   )

① 천혜향　　　　　　　　　　② 대봉
③ 홍로　　　　　　　　　　　④ 샤인 머스캣

> (Tip) 홍옥은 사과의 품종 중 하나이다. 빈칸에는 포도의 품종 중 하나인 샤인 머스캣이 적절하다.

37

> 서울시 : 서초구 = 대구시 : (   )

① 영도구　　　　　　　　　　② 달서구
③ 강서구　　　　　　　　　　④ 성북구

> (Tip) 서초구는 서울시에 속해있는 도시이다. 빈칸에는 대구시의 도시 달서구가 오는 것이 적절하다.

38

> 공기 : 질소 = (   ) : 염화나트륨

① 소금　　　　　　　　　　　② 설탕
③ 포도당　　　　　　　　　　④ 물

> (Tip) 질소는 공기의 주성분 중 하나이다. 따라서 비례식이 성립하기 위해서는 괄호 안에 염화나트륨을 주성분으로 하는 소금이 들어가는 것이 적절하다.

39

> 공방(攻防) : 공격 = 모순(矛盾) : (   )

① 방어　　　　　　　　　　　② 투쟁
③ 창　　　　　　　　　　　　④ 충돌

공방(攻防)은 '공격'과 '방어'를 이른다. 모순(矛盾)은 '창과 '방패'로 어떤 사실의 앞뒤, 또는 두 사실이 이치상 어긋나서 서로 맞지 않음을 이르는 말이다. 따라서 비례식이 성립하기 위해서는 괄호 안에 창이 들어가는 것이 적절하다.

40

| 시계 : 시간 = (　　) : 날짜 |

① 요일 ② 날씨
③ 온도계 ④ 달력

 시계는 시간을 알려주는 도구이다. 따라서 비례식이 성립하기 위해서는 괄호 안에 날짜를 알려주는 도구인 달력이 들어가는 것이 적절하다.

41

| 갤럭시 : 아이폰 = (　　) : 모차르트 |

① 살리에리 ② 다빈치
③ 피카소 ④ 비발디

 삼성의 갤럭시와 애플의 아이폰은 휴대전화업계의 대표적인 라이벌이다. 따라서 비례식이 성립하기 위해서는 괄호 안에 모차르트의 라이벌로 유명한 살리에리가 들어가는 것이 적절하다.

42

| 기획재정부 : 국세청 = (　　) : 소방청 |

① 국토교통부 ② 통계청
③ 행정안전부 ④ 경찰청

 국세청은 기획재정부 소속이다. 따라서 비례식이 성립하기 위해서는 괄호 안에 소방청이 속해 있는 행정안전부가 들어가는 것이 적절하다.

Answer⤷ 36.④ 37.② 38.① 39.③ 40.④ 41.① 42.③

▎43~47 ▎ 다음 글을 읽고 밑줄 친 ㉠과 ㉡의 관계와 가장 가까운 것을 고르시오.

43

> 문학이 구축하는 ㉠세계는 ㉡실제 생활과 다르다. 즉 실제 생활은 허구의 세계를 구축하는 데 필요한 재료가 되지만 이 재료들이 일단 한 구조의 구성 분자가 되면 그 본래의 재료로서의 성질과 모습은 확연히 달라진다. 건축가가 집을 짓는 것을 떠올려 보자. 건축가는 어떤 완성된 구조를 생각하고 거기에 필요한 재료를 모아서 적절하게 집을 짓게 되는데, 이때 건물이라고 하는 하나의 구조를 완성하게 되면 이 완성된 구조의 구성 분자가 된 재료들은 본래의 재료와 전혀 다른 것이 된다.

① 빵 : 밀가루   ② 핸드폰 : 삐삐

③ 젤리 : 사탕   ④ 고전문학 : 현대문학

 실제 생활은 문학 속 허구 세계를 만드는 재료가 된다고 말한다. 그러므로 빵과 그 재료가 되는 밀가루가 답이다.

44

> 「도덕경」에 이르기를, "갑자기 부는 <u>회오리바람</u>은 한나절을 지탱하지 못하고, 쏟아지는 폭우는 하루를 계속하지 못한다." 하였다. 천지에 갑작스럽게 일어난 변화도 이와 같이 오래가지 못하는 법인데 하물며 사람의 일이야 말할 나위가 있겠는가?

① 우유 : 콜라

② 바닐라 라떼 : 토피넛 라떼

③ 치킨 : 물

④ 배우 : 아역배우

 회오리 바람과 폭우는 천지에 갑작스럽게 일어난 변화의 예시로 대등한 관계이다.

45

　　좌절과 상실을 당하여 상대방에 대하여 외향적 공격성을 보이는 원(怨)과 무력한 자아를 되돌아보고 자책하고 한탄하는 내향적 공격성인 탄(嘆)이 한국의 고유한 정서인 한(恨)의 기점이 되고 있다. 이러한 것들은 체념의 정서를 유발할 수 있다. 이른바 한국적 한에서 흔히 볼 수 있는 소극적, 퇴영적인 자폐성과 ㉠허무주의, 패배주의 등은 이러한 체념적 정서의 부정적 측면이다. 그러나 체념에 부정적인 것만 있는 것은 아니다. 오히려 체념에 철저함으로써 ㉡달관의 경지에 나아갈 수 있다. 세상의 근원을 바라볼 수 있는 관조의 눈이 열리게 되는 것이다.

① 보호 : 보존　　　　　　　　② 자유 : 방종

③ 입법 : 사법　　　　　　　　④ 원인 : 근거

 허무주의는 체념의 부정적 측면이고 달관은 체념의 긍정적 측면이다. 즉, 서로 상반되는 관계에 있다고 볼 수 있다. 자유는 기본적으로 긍정적인 의미를 갖지만, 책임과 의무가 따르지 않는 자유는 자칫 방종이라는 부정적 결과를 가져올 수 있다.

46

　　㉠한국 민요가 슬픈 노래라고 하는 것은 민요를 면밀하게 관찰하고 분석하여 내린 결론은 아니다. 겉으로 보아서는 슬프지만 슬픔과 함께 해학을 가지고 있어서 민요에서의 해학은 향유자들이 슬픔에 빠져 들어가지 않도록 차단하는 구실을 하고 있다. 예컨대 "나를 버리고 가시는 임은 십 리도 못 가서 발병 났네."라고 하는 ㉡아리랑 사설 같은 것은 이별의 슬픔을 말하면서도 "십 리도 못 가서 발병 났네."라는 해학적 표현을 삽입하여 이별의 슬픔을 차단하며 단순한 슬픔에 머무르지 않는 보다 복잡한 의미 구조를 창조한다.

① 한국 : 한반도　　　　　　　② 남한 : 북한

② 한복 : 양복　　　　　　　　④ 한식 : 김치

 아리랑은 한국 민요의 대표적인 하나이다. 한식의 대표적인 것으로 김치가 있다.

Answer　43.①　44.②　45.②　46.④

47

심장은 심방과 심실이라는 네 개의 작은 방으로 나누어져 있다. 오른쪽 심실에서 나온 혈액은 허파를 지나 산소가 풍부한 혈액으로 바뀌어 왼쪽 심방으로 돌아온다. 이렇게 들어온 혈액은 왼쪽 심실의 펌프질을 통해 온몸으로 퍼지게 되는데, 오른쪽 심방 벽에 주기 조정자가 있다. 이곳에서 전기파를 방출하면 이로 인해 심장의 근육들은 하나의 박자에 맞춰 ㉠수축과 ㉡이완을 반복함으로써 펌프질을 하게 되는 것이다.

① 동물 : 사슴   ② 서론 : 본론

③ 압축 : 복원   ④ 은총 : 총애

 '수축'은 '근육 따위가 오그라듦.'이라는 뜻이고, '이완'은 '굳어서 뻣뻣하게 된 근육 따위가 원래의 상태로 풀어짐.'이라는 뜻이다. 따라서 두 단어는 서로 대조의 의미 관계에 있다. 이와 같이 상반된 의미를 가진 단어로는 '압축'과 '복원'이 있다. '압축'은 '물질 따위에 압력을 가하여 그 부피를 줄임.'이라는 뜻이고, '복원'은 '원래대로 회복함.'이라는 뜻으로 의미상 대조 관계를 이룬다. ①은 상하 관계, ④는 유의 관계의 단어들이다.

┃48~50┃ 다음 중 두 단어의 관계가 나머지와 다른 것을 고르시오.

48   ① 감정 : 감회

② 주인 : 주제

③ 대화 : 대표

④ 비상 : 비난

 ①②④는 같은 한자로 시작하는 단어이고 ③은 대화(對話), 대표(代表)로 다른 한자로 시작하는 말이다.

49 ① 강감찬 : 귀주대첩

② 김좌진 : 청산리대첩

③ 이순신 : 한산도대첩

④ 척준경 : 행주대첩

(Tip) ①②③은 각 전투와 그 전투에서 활약한 장군들의 이름이다. 척준경은 고려시대 무신이고 행주대첩은 조선시대 임진왜란 때 권율이 활약한 전투이다.

50 ① 걷다 : 걸음

② 얼다 : 얼음

③ 소리 : 소음

④ 졸다 : 졸음

(Tip) ①②④는 용언에 '-음'이 붙어서 명사가 된 단어들이다.

Answer ⟿ 47.③ 48.③ 49.④ 50.③

논리적판단능력

▌1~10▌ 다음에 제시된 전제에 따라 결론을 바르게 추론한 것을 고르시오.

1

> • A는 B의 어머니다.
> • C는 D의 어머니다.
> • D는 B의 아버지다.
> • 그러므로 _____

① A는 D의 조카다.　　　　　② C는 A의 숙모다.

③ C는 B의 조모다.　　　　　④ D와 C는 부부다.

 B를 기준으로 가족관계를 정리해보면,
C(할머니) – D(아버지)
　　　　　　│　　　　⟩ B
　　　　A(어머니)

2

> • 우택이는 영민이보다 키가 크다.
> • 대현이는 영민이보다 키가 작다.
> • 그러므로 _____

① 우택이가 가장 키가 크다.

② 우택이는 대현이보다 키가 작다.

③ 영민이가 대현이보다 키가 작다.

④ 영민이가 가장 키가 크다.

 키가 큰 순서를 정리해보면 우택 > 영민 > 대현 순이다.

3

> • 오전에 반드시 눈이 오거나 비가 올 것이다.
> • 오전에 비가 오지 않았다.
> • 그러므로 _____

① 오전에 날씨가 개었다.

② 오전에 비가 왔다.

③ 오전에 눈이 왔다.

④ 날씨를 알 수 없다.

 ③ 오전에 반드시 눈이나 비가 온다고 했으나, 비가 오지 않았으므로 눈이 왔다가 맞다.

4

> • 은혜, 지영, 세현이는 각각 사과, 포도, 오렌지를 좋아한다.
> • 지영이는 오렌지를, 세현이는 사과를 좋아한다.
> • 그러므로 _____

① 은혜는 오렌지를 좋아한다.

② 은혜는 포도를 좋아한다.

③ 은혜는 어떤 것도 좋아하지 않는다.

④ 은혜가 무엇을 좋아하는지 알 수 없다.

 ② 은혜, 지영, 세현이는 각각 사과, 포도, 오렌지를 좋아하고, 지영이가 오렌지를, 세현이가 사과를 좋아하므로 은혜는 포도를 좋아함을 알 수 있다.

Answer ↱ 1.③ 2.① 3.③ 4.②

5

> • 장미를 좋아하는 사람은 감성적이다.
> • 튤립을 좋아하는 사람은 노란색을 좋아하지 않는다.
> • 감성적인 사람은 노란색을 좋아한다.
> • 그러므로 _____

① 감성적인 사람은 튤립을 좋아한다.
② 튤립을 좋아하는 사람은 감성적이다.
③ 노란색을 좋아하는 사람은 감성적이다.
④ 장미를 좋아하는 사람은 노란색을 좋아한다.

 ④ 장미를 좋아하는 사람은 감성적이고 감성적인 사람은 노란색을 좋아하므로 장미를 좋아하는 사람은 노란색을 좋아한다.

6

> • 영희네 과수원에서 키우는 과일은 모두 빨갛다.
> • 내가 산 귤은 영희네 과수원에서 키운 것이다.
> • 그러므로 _____

① 내가 산 귤은 노란색이다.
② 내가 산 귤은 노란색이 아니다.
③ 내가 산 귤은 빨간색이다.
④ 내가 산 귤은 빨간색이 아니다.

 ③ 내가 산 귤은 영희네 과수원에서 키운 것이고, 영희네 과수원에서 키우는 과일은 모두 빨간색이다.

7

> - 군주가 오직 한 사람만을 신임하면 나라를 망친다.
> - 군주가 사람을 신임하지 않으면 나라를 망친다.
> - 그러므로 _____

① 어느 군주가 나라를 망치지 않았다면, 그는 오직 한 사람만을 신임한 것이다.

② 어느 군주가 나라를 망치지 않았다면, 그는 사람을 신임하지 않았다는 것이다.

③ 어느 군주가 나라를 망치지 않았다면, 그는 오직 한 사람만을 신임한 것은 아니다.

④ 어느 군주가 오직 한 사람만을 신임하지 않았다면, 그는 나라를 망치지 않은 것이다.

 ①② 군주가 오직 한 사람만을 신임하거나, 사람을 신임하지 않으면 나라를 망친다.
④ 명제가 참일지라도 이는 참이 아닐 수도 있다. 즉 군주가 오직 한 사람만을 신임하지 않았다는 것은 여러 사람을 신임한 것일 수 있으며 이때에는 나라를 망치지 않으나, 한 사람만을 신임하지 않았다는 것이 그 누구도 신임하지 않은 것일 때에는 나라를 망치게 된다.

8

> - 만약 지금 바람이 분다면 깃발이 펄럭일 것이다.
> - 지금 깃발이 펄럭이고 있다.
> - 그러므로 _____

① 지금 바람이 불고 있다.

② 지금 바람이 불지 않을 것이다.

③ 조금 전에 바람이 불었다.

④ 지금 바람이 부는지 알 수 없다.

 ① '바람이 분다면 깃발이 펄럭일 것이다'라고 전제되어 있으므로 지금 바람이 불고 있다.

Answer ⌐→ 5.④ 6.③ 7.③ 8.①

9

> • 준서는 영어 성적이 윤재보다 20점 더 높다.
> • 영건이의 점수는 준서보다 10점 낮다.
> • 그러므로 _____

① 영건이와 윤재의 점수 차이는 10점이다.

② 윤재의 점수가 가장 높다.

③ 영건이의 점수가 가장 높다.

④ 준서의 점수는 윤재의 점수보다 낮다.

 준서의 점수 = 윤재의 점수 + 20점, 영건이의 점수 = 준서의 점수 − 10점
그러므로 높은 점수의 순서는 준서 > 영건 > 윤재이며 영건이와 윤재는 10점 차이이다.

10

> • 모든 신부는 사후의 세계를 믿는다.
> • 어떤 무신론자는 사후의 세계를 의심한다.
> • 그러므로 _____

① 사후의 세계를 믿는 사람은 신부이다.

② 사후의 세계를 믿지 않으면 신부가 아니다.

③ 사후의 세계를 의심하면 무신론자이다.

④ 사후의 세계를 의심하지 않으면 무신론자가 아니다.

 ① 모든 신부는 사후의 세계를 믿으나 사후의 세계를 믿는다고 해서 모두 신부인 것은 아니다.
③ 어떤 무신론자는 사후의 세계를 의심하므로, 사후의 세계를 의심한다고 모두 무신론자는 아니다.
④ 제시된 명제의 대우는 "무신론자는 사후의 세계를 의심한다"로 제시된 전제는 "어떤 무신론자는 사후의 세계를 의심한다"이므로 옳지 않다.

11 다음 세 개의 진술로부터 도출된 결론으로 가장 타당한 것은 어느 것인가?

> ㈎ 자신이 읽은 글을 제대로 분석할 줄 모르는 사람은 모두 인문적 소양이 부족한 사람 이다.
> ㈏ 균형 잡힌 비판 능력을 결여한 사람은 그 누구도 정부의 고위 관리 자격을 갖춘 사 람이 아니다.
> ㈐ 인문적 소양을 잘 갖추지 못한 사람은 모두 균형 잡힌 비판 능력을 결여한 사람이다.

① 인문적 소양을 갖추기 위해서는 논리학을 공부할 필요가 있다.
② 글을 읽고 제대로 분석할 줄 모르는 사람은 정부의 고위 관리 자격이 없다.
③ 균형 잡힌 비판 능력을 결여한 어떤 사람들은 인문적 소양을 갖추고 있다.
④ 정부의 고위 관리라고 해서 인문적 소양을 잘 갖추고 있는 것은 아니다.

 주어진 문장은 모두 삼단논법에 의해 다음과 같이 연결될 수 있다.
자신이 읽은 글을 분석할 줄 모르는 사람→인문적 소양이 부족한 사람→균형 잡힌 비판 능력을 결여한 사람→정부의 고위 관리 자격을 갖추지 못한 사람. 따라서 보기 ②와 같은 결론이 도출된다.

12 A, B, C 세 나라는 서로 수출과 수입을 하고 있으며, 모든 나라가 수입품에 대해 10%의 관세를 부과하고 있다. 만일, A국과 B국이 자유무역협정(FTA)을 맺는다면, 이 때 발생하는 변화로 적절한 것을 〈보기〉에서 모두 고른 것은 어느 것인가?

> 〈보기〉
> ㈎ A국과 B국간의 교역규모가 증가한다.
> ㈏ A국과 B국의 모든 생산자는 관세 철폐로 인해 혜택을 누리게 된다.
> ㈐ A국과 B국의 모든 소비자는 관세 철폐로 인해 혜택을 누리게 된다.
> ㈑ C국은 종전과 같은 수준의 관세를 유지하고 있어 수출과 수입에 변화가 없다.

① ㈎, ㈏   ② ㈎, ㈐
③ ㈏, ㈐   ④ ㈏, ㈑

 A국과 B국은 관세 철폐로 인해 수입품의 가격이 하락하게 되므로 양국 간 교역량이 증가하고 소비자들의 혜택은 증가한다. 그러나 수입품과 경쟁하던 A국과 B국의 공급자들은 가격 하락으로 인해 혜택이 감소할 수 있다. 한편 A국과 B국이 C국으로부터 수입하던 재화의 일부분은 A국과 B국간의 교역으로 대체될 수 있다.

Answer 9.① 10.② 11.② 12.②

13 은행, 식당, 편의점, 부동산, 커피 전문점, 통신사 6개의 상점이 아래에 제시된 조건을 모두 만족하며 위치할 때, 오른쪽에서 세 번째 상점은 어느 것인가?

> • 모든 상점은 옆으로 나란히 연이어 위치하고 있으며, 사이에 다른 상점은 없다.
> • 편의점과 식당과의 거리는 두 번째로 멀다.
> • 커피 전문점과 편의점 사이에는 한 개의 상점이 있다.
> • 왼쪽에서 두 번째 상점은 통신사이다.
> • 식당의 바로 오른쪽 상점은 부동산이다.

① 식당   ② 통신사
③ 은행   ④ 편의점

• 편의점과 식당이 두 번째로 멀기 위해서는 둘 중 하나가 맨 끝에 위치하고 다른 하나는 반대쪽의 끝에서 두 번째에 위치해야 한다. 왼쪽에서 두 번째 상점은 통신사라고 했으므로 두 상점은 맨 왼쪽과 오른쪽에서 두 번째에 나누어 위치해야 한다.
• 식당의 오른쪽에 부동산이 위치해야하므로 오른쪽에서 두 번째가 식당, 맨 오른쪽이 부동산이고 맨 왼쪽이 편의점이다.
• 편의점과 커피 전문점 사이에 한 개의 상점이 있으므로 커피 전문점이 왼쪽에서 세 번째 상점이라는 것을 알 수 있다.
따라서 이를 종합하면, 왼쪽부터 편의점, 통신사, 커피 전문점, 은행, 식당, 부동산의 순으로 상점들이 이어져 있으며 오른쪽에서 세 번째 상점은 은행이 된다.

14 홍 부장은 이번 출장에 계약 실무를 담당케 하기 위해 팀 내 직원 서 과장, 이 대리, 최 사원, 엄 대리, 조 사원 5명 중 2명을 선정하려고 한다. 다음 조건을 만족할 때 홍 부장이 선정하게 될 직원 2명으로 알맞게 짝지어진 것은 어느 것인가?

> • 서 과장이 선정되면 반드시 이 대리도 선정된다.
> • 이 대리가 선정되지 않아야만 엄 대리가 선정된다.
> • 최 사원이 선정되면 서 과장은 반드시 선정된다.
> • 조 사원이 선정되지 않으면 엄 대리도 선정되지 않는다.

① 서 과장, 최 사원   ② 엄 대리, 조 사원
③ 서 과장, 조 사원   ④ 이 대리, 엄 대리

첫 번째 조건에서 서 과장 선정 시 이 대리는 반드시 선정되어야 한다. 또한 두 번째 조건에서 이 대리가 선정되면 엄 대리는 선정되지 않으므로 결국 이 대리와 엄 대리, 서 과장과 엄 대리는 함께 선정될 수 없다.

세 번째 조건에서 최 사원 선정 시 서 과장은 반드시 참여해야 한다. 네 번째 조건의 대우 명제를 살펴보면, 엄 대리가 선정될 때 조 사원도 선정된다는 것을 알 수 있다.

따라서 서 과장과 이 대리, 최 사원과 서 과장은 반드시 함께 선정되어야 하므로 서 과장+이 대리+최 사원 세 명이 반드시 함께 선정되어야만 하며, 엄 대리와 조 사원 역시 함께 선정된다는 사실을 알 수 있다.

따라서 2명을 선정할 경우, 항상 함께 선정되어야만 하는 인원과 제한 인원 2명과의 모순 관계가 없는 엄 대리와 조 사원이 선정되어야 하는 것을 알 수 있다.

15 다음 조건을 만족할 때, 백 대리의 비밀번호에 쓰일 수 없는 숫자는 어느 것인가?

- 백 대리는 회사 컴퓨터에 비밀번호를 설정해 두었으며, 비밀번호는 1~9까지의 숫자 중 중복되지 않은 네 개의 숫자이다.
- 네 자리의 비밀번호는 오름차순으로 정리되어 있으며, 네 자릿수의 합은 20이다.
- 가장 큰 숫자는 8이며, 짝수가 2개, 홀수가 2개이다.
- 짝수 2개는 연이은 자릿수에 쓰이지 않았다.

---

① 3

② 4

③ 5

④ 6

 오름차순으로 정리되어 있으므로 마지막 숫자가 8이다. 따라서 앞의 세 개의 숫자는 1~7까지의 숫자들이며, 이를 더해 12가 나와야 한다. 8을 제외한 세 개의 숫자가 4이하의 숫자만으로 구성되어 있다면 12가 나올 수 없으므로 5, 6, 7중 하나 이상의 숫자는 반드시 사용되어야 한다. 또한 짝수와 홀수가 각각 2개씩이어야 한다.

세 번째 숫자가 7일 경우 앞 두 개의 숫자의 합은 5가 되어야 하므로 1, 4 또는 2, 3이 가능하여 1478, 2378의 비밀번호가 가능하다.

세 번째 숫자가 6일 경우 앞 두 개의 숫자는 모두 홀수이면서 합이 6이 되어야 하므로 1, 5가 가능하나, 이 경우 1568의 네 자리는 짝수가 연이은 자릿수에 쓰였으므로 비밀번호 생성이 불가능하다.

세 번째 숫자가 5일 경우 앞 두 개의 숫자의 합은 7이어야 하며 홀수와 짝수가 한 개씩 이어야 한다. 따라서 3458이 가능하다.

결국 가능한 비밀번호는 1478, 2378, 3458의 세 가지가 되어 이 비밀번호에 쓰일 수 없는 숫자는 6이 되는 것을 알 수 있다.

16 A, B, C, D, E 5명의 입사성적을 비교하여 높은 순서로 순번을 매겼더니 다음과 같은 사항을 알게 되었다. 입사성적이 두 번째로 높은 사람은?

> • 순번 상 E의 앞에는 2명 이상의 사람이 있고 C보다는 앞이었다.
> • D의 순번 바로 앞에는 B가 있다.
> • A의 순번 뒤에는 2명이 있다.

① A

② B

③ C

④ D

 조건에 따라 순번을 매겨 높은 순으로 정리하면 BDAEC가 된다.

17 A, B, C, D는 영업, 사무, 전산, 관리의 일을 각각 맡아서 하기로 하였다. A는 영업과 사무 분야의 업무를 싫어하고, B는 관리 업무를 싫어하며, C는 영업 분야 일을 하고 싶어하고, D는 전산 분야 일을 하고 싶어한다. 인사부에서 각자의 선호에 따라 일을 시킬 때 옳게 짝지은 것은?

① A – 관리

② B – 영업

③ C – 전산

④ D – 사무

 조건에 따르면 영업과 사무 분야의 일은 A가 하는 것이 아니고, 관리는 B가 하는 것이 아니므로 'A – 관리, B – 사무, C – 영업, D – 전산'의 일을 하게 된다.

18 민수, 영민, 민희 세 사람은 제주도로 여행을 가려고 한다. 제주도까지 가는 방법에는 고속버스→배→지역버스, 자가용→배, 비행기의 세 가지 방법이 있을 때 민수는 고속버스를 타기 싫어하고 영민이는 자가용 타는 것을 싫어한다면 이 세 사람이 선택할 것으로 생각되는 가장 좋은 방법은?

① 고속버스, 배

② 자가용, 배

③ 비행기

④ 지역버스, 배

 민수는 고속버스를 싫어하고, 영민이는 자가용을 싫어하므로 비행기로 가는 방법을 선택하면 된다.

19 농구에서 4개의 팀이 1개 조를 이루어 예선전을 한다. 예선전은 리그전 방식으로 경기를 진행하고 4강부터는 토너먼트 방식으로 경기를 진행하는데 2개의 팀이 진출한다. 예선전에서 A는 1승 1무, B는 1승 1패, C는 1승 1무, D는 2패를 기록하고 있을 때 남은 경기가 A와 D, B와 C가 남았다면 다음 중 설명이 바르게 된 것은?

① A는 B와 C의 경기결과에 상관없이 진출한다.

② A가 D에게 지고 B가 C에게 이기면 A는 탈락이다.

③ A가 D에게 이기면 무조건 진출한다.

④ D는 남은 경기결과에 따라 진출 여부가 결정된다.

 리그전은 적어도 상대 모두 한 번 이상 시합하여 그 성적에 따라 우승을 결정하는 것이고, 토너먼트는 1:1로 시합했을 때 이기는 사람만 진출하는 방법이다. A가 D에 이길 경우 2승 1무로 다른 팀의 경기결과에 상관없이 토너먼트에 진출한다.

20 다음 중 주화가 선택한 과목은?

> • 은지, 주화, 민경이 각자 보충수업으로 서로 다른 과목을 선택하였다.
> • 과목은 국어, 영어, 수학이다.
> • 은지는 국어를 선택하지 않았다.
> • 주화가 민경이는 수학을 선택하였다고 한다.

① 국어 　　　　　　　　② 영어

③ 수학 　　　　　　　　④ 알 수 없음

 은지는 영어, 주화는 국어, 민경이는 수학을 선택했다.

21 다음의 말이 항상 참일 때 항상 참인 것은?

> 〈보기〉
> • A와 C팀 중 우승팀이 있다.
> • B팀은 A팀보다 순위가 낮다.
> • D팀이 꼴찌는 아니다.
> • F팀이 C보다 순위가 높다.

① 우승팀은 A팀 이다.
② 우승팀은 B팀 이다.
③ 우승팀은 C팀 이다.
④ 우승팀은 D팀 이다.

 A와 C팀 중에 우승팀이 있고 F팀이 C팀 보다 순위가 높다고 했으므로 A가 우승팀이다.

▌22~24▐ 다음의 말이 참일 때 항상 참인 것을 고르시오.

22
> • 민수는 A기업에 다닌다.
> • 영어를 잘하면 업무능력이 뛰어난 것이다.
> • 영어를 잘하지 못하면 A기업에 다니지 않는다.

① 민수는 업무능력이 뛰어나다.
② A기업에 다니는 사람들은 업무능력이 뛰어나지 못하다.
③ 민수는 영어를 잘하지 못한다.
④ 업무능력이 뛰어난 사람은 A기업에 다니는 사람이 아니다.

 민수 = A, A기업 사람 = B, 영어를 잘함 = C, 업무능력 뛰어남=D라 하고, 영어를 잘하지 못함 = ~C, A기업 사람이 아님 = ~B라 한다. 주어진 조건에서 A→B, C→D, ~C→~B 인데 ~C→~B는 B→C이므로(대우) 전체적인 논리를 연결시키면 A→B→C→D가 되어 A→D의 결론이 나올 수 있다.

23

> • 모든 낙서는 시이다.
> • 모든 시는 문학이다.
> • 모든 문학은 언어이다.
> • 모든 언어는 위대하다.

① 낙서 중에 시가 아닌 것도 있다.

② 모든 시는 위대하다.

③ 모든 언어는 문학이다.

④ 모든 문학은 낙서이다.

 낙서 ⊂ 시 ⊂ 문학 ⊂ 언어 ⊂ 위대하다의 포함관계가 되므로 ②가 옳다.

24

> • A는 수영을 못하지만 B보다 달리기를 잘한다.
> • B는 C보다 수영을 잘한다.
> • D는 C보다 수영을 못하지만 A보다 달리기를 잘한다.

① C는 달리기를 못한다.

② A가 수영을 가장 못한다.

③ D는 B보다 달리기를 잘한다.

④ 수영을 가장 잘하는 사람은 C이다.

 잘하는 순서
  ㉠ 수영 : B > C > D
  ㉡ 달리기 : D > A > B

Answer⌐→ 21.① 22.① 23.② 24.③

┃25~26┃ 다음의 말이 전부 진실일 때 항상 거짓인 것을 고르시오.

25

> • 상자에 5개의 공이 있다.
> • 공 4개는 같은 색깔이다.
> • 공 1개는 다른 색깔이다.
> • 상자에서 빨간색 공 하나를 꺼냈다.

① 상자에 남아있는 공은 모두 같은 색이다.
② 상자에 남아있는 공은 모두 빨간색이 아니다.
③ 상자에 남아있는 공은 모두 파란색이다.
④ 상자에 남아있는 공은 모두 빨간색이다.

 4개는 같은 색이고, 1개는 다른 색이라고 했으므로 상자 안의 공은 모두 빨간색이 아니거나, 빨간색 3개와 다른 색 1개로 이루어져 있을 것이다.

26

> • 민수는 25살이다.
> • 민수는 2년 터울의 여동생이 2명 있다.
> • 영민이는 29살이다.
> • 영민이는 3년 터울의 여동생이 2명 있다.

① 영민이의 첫째 동생이 동생들 중 나이가 가장 많다.
② 영민이의 둘째 동생과 민수의 첫째 동생은 나이가 같다.
③ 민수의 막내동생이 가장 어리다.
④ 민수는 영민이의 첫째 동생보다는 나이가 많다.

 ④ 영민이의 첫째 동생은 26살, 민수는 25살로 영민이의 첫째 동생이 민수보다 나이가 많다.

▌27∼31 ▌ 다음 문제의 〈보기 1〉을 보고 〈보기 2〉에 제시된 문장의 참·거짓, 알 수 없음을 판단하시오.

27

〈보기 1〉
• 아버지는 비가 오면 큰아들의 나막신이 잘 팔릴 것이므로 좋지만 작은아들이 걱정된다.
• 아버지는 비가 오지 않으면 작은아들의 짚신이 잘 팔릴 것이므로 좋지만 큰아들이 걱정된다.
• 비가 오거나 오지 않거나 둘 중 하나일 것이다.

〈보기 2〉
비가 오거나 오지 않거나 아버지의 걱정은 있다.

① 참
② 거짓
③ 알 수 없음

 아버지는 비가 오면 작은아들이 걱정되고, 비가 오지 않으면 큰아들이 걱정될 것이다.

28

〈보기 1〉
• 과일의 열매는 좋다.
• 열매보다 더 좋은 것은 꽃이다.
• 씨가 없으면 열매가 없다.

〈보기 2〉
씨가 열매보다 좋다.

① 참
② 거짓
③ 알 수 없음

 열매보다 더 좋은 것은 꽃이지만, 열매와 씨 사이에 더 좋은 것이 무엇인지는 알 수 없다.

Answer ↱ 25.④ 26.④ 27.① 28.③

29

〈보기 1〉
• 만약 별이 원형이라면, 별은 하늘이다.
• 별은 원형이 아니다.

〈보기 2〉
별은 하늘이 아니다.

① 참
② 거짓
③ 알 수 없음

> (Tip) 전건부정의 문장으로 전건을 부정하였으므로 후건을 부정한 것으로 결론을 도출해 내야 하지만 결론이 거짓이 될 수도 있기 때문에 별이 하늘인지 아닌 지 알 수 없는 게 답이 된다.

30

〈보기 1〉
• 모든 A는 B이다.
• 모든 B는 C이다.
• 어떤 D는 B이다.
• 어떠한 E도 B가 아니다.

〈보기 2〉
어떤 C는 B이다.

① 참
② 거짓
③ 알 수 없음

> (Tip) 두 번째 조건에 의해 '어떤 C는 B이다.'가 성립하므로 참이 된다.

31

> 〈보기 1〉
> • 파란색을 좋아하는 사람들은 항상 술을 마신다.
> • 파란색을 좋아하지 않는 사람은 한 달에 소설책을 한 권 이상 읽지 않는다.
> • 내 친구들은 모두 파란색을 좋아한다

> 〈보기 2〉
> 나는 한 달에 소설책을 2권 읽으므로 파란색을 좋아하지 않는다.

① 참

② 거짓

③ 알 수 없음

> (Tip) 두 번째 조건의 대우는 '한 달에 소설책을 한 권 이상 읽으면 파란색을 좋아한다.'가 된다.

▌32~34▐ 다음 〈조건〉을 보고, 각 문제의 내용이 〈조건〉에 비추어 논리적으로 항상 참이면 '참', 거짓이면 '거짓', 참·거짓을 알 수 없으면 '알 수 없음'을 선택하시오.

〈조건〉
• 갑, 을, 병, 정, 무의 월급은 각각 10만 원, 20만 원, 30만 원, 40만 원, 50만 원 중 하나이다.
• 갑의 월급은 병의 월급보다 많고, 무의 월급보다는 적다.
• 정의 월급은 을의 월급보다 많고, 갑의 월급도 을의 월급보다 많다.
• 병의 월급은 을의 월급보다 많고, 정의 월급보다는 적다.
• 정이 월급을 가장 많이 받는 사람은 아니다.

32
월급이 세 번째로 많은 사람은 갑이다.

① 참
② 거짓
③ 알 수 없음

 전체적으로 문제의 내용을 정리하여 보면 다음과 같은 조건을 알 수 있다.
두 번째 조건을 정리하면 병 < 갑 < 무
세 번째 조건을 정리하면 을 < 정, 갑
네 번째 조건을 정리하면 을 < 병 < 정
정이 가장 많이 받는 사람이 아니므로 을 < 병 < 갑, 정 < 무
따라서 주어진 조건으로는 세 번째로 월급이 많은 사람이 갑인지, 정인지 알 수 없다.

33
무와 병의 월급은 20만 원 차이가 난다.

① 참
② 거짓
③ 알 수 없음

 을 < 병 < 갑, 정 < 무이므로 월급이 가장 많은 무는 월급을 50만 원 받고 갑과 정은 각각 40만 원 또는 30만 원을 받으며, 병은 20만 원, 을은 10만 원을 받는다. 무와 병의 월급은 30만 원 차이가 난다.

34

> 을과 무의 월급의 합은 갑과 병의 월급의 합보다 많다.

① 참

② 거짓

③ 알 수 없음

 을의 월급은 10만 원, 무의 월급은 50만 원이므로 합하면 60만 원이다.
병의 월급은 20만 원이지만 갑이 40만 원을 받는지 30만 원을 받는지 알 수 없으므로 을과 무의 월급의 합은 갑과 병의 월급의 합보다 많을 수도 있고, 같을 수도 있다.

▌35~36▌ 다음 〈조건〉을 보고 각 문제의 내용이 〈조건〉에 비추어 논리적으로 참이면 '참', 거짓이면 '거짓', 참·거짓을 알 수 없으면 '알 수 없음'을 선택하시오.

〈조건〉
• 현명한 사람은 거짓말을 하지 않는다.
• 건방진 사람은 남의 말을 듣지 않는다.
• 거짓말하지 않으면 다른 사람의 신뢰를 얻는다.
• 남의 말을 듣지 않으면 친구가 없다.

35

> 현명한 사람은 다른 사람의 신뢰를 얻는다.

① 참

② 거짓

③ 알 수 없음

 조건에 대해 전체적으로 정리를 하면
현명한 사람 → 거짓말을 하지 않는다.
건방진 사람 → 남의 말을 듣지 않는다.
거짓말을 하지 않으면 → 다른 사람의 신뢰를 얻는다.
남의 말을 듣지 않으면 → 친구가 없다.
현명한 사람 → 거짓말을 하지 않는다. → 다른 사람의 신뢰를 얻는다.

Answer ↱ 32.③ 33.② 34.③ 35.①

36

> 친구가 있으면 건방지다.

① 참
② 거짓
③ 알 수 없음

 위 조건들의 대우를 살펴보면
거짓말을 하면 현명하지 않은 사람이다.
남의 말을 들으면 건방지지 않은 사람이다.
다른 사람의 신뢰를 얻지 못하면 거짓말을 한다.
친구가 있으면 남의 말을 듣는다.
따라서 친구가 있으면 건방지지 않은 사람이다.

▌37~39▐ 다음 〈보기〉의 내용에 비추어 문제의 내용이 논리적으로 참이면 '참', 거짓이면 '거짓', 참·거짓을 알 수 없으면 '알 수 없음'을 선택하시오.

37

> 〈보기〉
> • 갑, 을, 병, 정 네 사람의 절도용의자가 심문을 받고 있다.
> • 네 사람 중 단 한 사람만이 진실을 말한다.
> • 절도범은 한 명이다.
> • 네 사람이 주장하는 내용은 다음과 같다.
> – 갑 : 을이 절도를 하였다.
> – 을 : 정이 절도를 하였다.
> – 병 : 나는 훔치지 않았다.
> – 정 : 을은 거짓말을 하고 있다.

> 절도를 한 사람은 병이다.

① 참
② 거짓
③ 알 수 없음

㉠ 갑이 진실인 경우 : 갑에 의해 을은 절도범이 된다. 그러나 병의 말이 거짓말이므로 병이 훔쳤다는 말이 되는데 갑의 말과 모순된다.
㉡ 을이 진실인 경우 : 을에 의해 정은 절도범이 된다. 그러나 병의 말이 거짓말이므로 병이 훔쳤다는 말이 되는데 을의 말과 모순된다.
㉢ 병이 진실인 경우 : 을의 말과 정의 말이 모순된다.
㉣ 정이 진실인 경우 : 갑과 을에 의해 을과 정은 절도를 하지 않았다. 병은 거짓말을 하고 있으므로 병은 절도범이다.

38

<보기>
- 이씨는 김씨보다 앞에 있다.
- 최씨는 김씨보다 뒤에 있다.
- 박씨는 최씨 바로 앞에 있다.
- 홍씨는 제일 뒤에 있다.
- 박씨 앞에는 두 명이 있다.

최씨는 이씨보다 뒤에 있다.

① 참
② 거짓
③ 알 수 없음

 제시된 조건 중 첫 번째와 두 번째는 변수가 생길 수 있는 것이나, 세 번째와 네 번째 조건을 통해 확실한 위치를 추론할 수 있다.

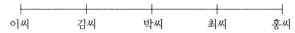

39

〈보기〉

- A는 B보다 나이가 적다.
- D는 C보다 나이가 적다.
- E는 B보다 나이가 많다.
- A는 C보다 나이가 많다.

B가 가장 나이가 많다.

① 참
② 거짓
③ 알 수 없음

 첫 번째 내용과 세 번째 내용, 네 번째 내용에 의해 E > B > A > C임을 알 수 있다.
두 번째 내용에서 D는 C보다 나이가 적으므로 E > B > A > C > D이다.

▌40~41▐ 〈보기〉를 보고 각 문제에 제시된 문장의 참·거짓, 알 수 없음을 판단하시오.

〈보기〉

- 함께 있던 A, B, C, D 네 명의 아이 중 하나가 꽃병을 깼다.
- 세 명은 진실을 말하고, 한 명은 거짓을 말했다.
- A는 D가 깨지 않았다고 했으나 B는 D가 꽃병을 깼다고 했다.
- C는 B가 깼다고 했고, D는 A가 깨지 않았다고 말했다.

40

거짓말을 한 사람은 A이다.

① 참
② 거짓
③ 알 수 없음

 A와 B의 말이 다르므로 둘 중에 한 명은 거짓말을 하고 있다. A가 거짓말이라면, D가 깬
것이 되는데 C의 말과 모순되므로 A는 거짓말을 하고 있지 않다.

41

> 거짓말을 한 사람은 B이다.

① 참

② 거짓

③ 알 수 없음

 B가 거짓말이라면 D는 깨지 않았고, C의 말에 의해 B가 깼다는 것을 알 수 있다. 따라서 거짓말을 한 아이는 B이다. B가 거짓을 말했다면 C의 말에 의해 B가 꽃병을 깼음을 알 수 있다.

▌42~43▐ 다음 〈조건〉을 보고 각 문제의 내용이 〈조건〉에 비추어 논리적으로 참이면 '참', 거짓이면 '거짓', 참·거짓을 알 수 없으면 '알 수 없음'을 선택하시오.

〈조건〉
㉠ 목요일에 학교에 가지 않으면 월요일에 학교에 간다.
㉡ 금요일에 학교에 가지 않으면 수요일에 학교에 가지 않는다.
㉢ 수요일에 학교에 가지 않으면 화요일에 학교에 간다.
㉣ 월요일에 학교에 가면 금요일에 학교에 가지 않는다.
㉤ 유진이는 화요일에 학교에 가지 않는다.

42

> 유진이는 금요일에 학교를 간다.

① 참

② 거짓

③ 알 수 없음

 ㉤에서 유진이는 화요일에 학교에 가지 않으므로 ㉢에 대우에 의하여 수요일에는 학교에 간다.
수요일에 학교에 가므로 ㉡의 대우에 의하여 금요일에는 학교에 간다.
금요일에는 학교에 가므로 ㉣의 대우에 의해 월요일에는 학교에 가지 않는다.
월요일에 학교에 가지 않으므로 ㉠의 대우에 의해 목요일에는 학교에 간다.
따라서 유진이는 수, 목, 금에 학교에 간다.

Answer⌐▸ 39.② 40.② 41.① 42.①

43

> 유진이는 월요일에 학교를 간다.

① 참

② 거짓

③ 알 수 없음

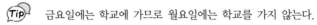 금요일에는 학교에 가므로 월요일에는 학교를 가지 않는다.

┃44~45┃ 다음 〈조건〉을 보고 각 문제의 내용이 〈조건〉에 비추어 논리적으로 참이면 '참', 거짓이면 '거짓', 참·거짓을 알 수 없으면 '알 수 없음'을 선택하시오.

〈조건〉
• A는 수영을 못하지만 B보다 달리기를 잘한다.
• B는 C보다 수영을 잘한다.
• D는 C보다 수영을 못하지만 A보다 달리기를 잘한다.

44

> D는 B보다 달리기를 잘한다.

① 참

② 거짓

③ 알 수 없음

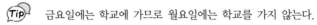 달리기를 잘하는 순서를 살펴보면 D > A > B가 된다.

45

> 수영을 가장 잘하는 사람은 C이다.

① 참
② 거짓
③ 알 수 없음

> (Tip) 수영을 잘하는 순서를 살펴보면 B > C > D가 된다.

46 다음의 내용을 논리적으로 추론했을 때 〈결론〉에 해당하는 내용이 맞으면 '참', 틀리면 '거짓', 참 인지 거짓인지 알 수 없으면 '알 수 없음'을 고르면?

> • 모든 고등학생은 학교에 다닌다.
> • 민수는 고등학생이 아니다.

> 〈결론〉
> 그러므로 민수는 학교에 다니지 않는다.

① 참
② 거짓
③ 알 수 없음

> (Tip) 민수가 고등학생이 아니라고 해서 학교에 다니지 않는지는 알 수 없다.

Answer → 43.② 44.① 45.② 46.③

▎47~48 ▎ 다음 〈조건〉을 보고 각 문제의 내용이 〈조건〉에 비추어 논리적으로 참이면 '참', 거짓이면 '거짓', 참·거짓을 알 수 없으면 '알 수 없음'을 선택하시오.

〈조건〉
• 걷기 운동은 허리 건강에 도움이 된다.
• 허리가 좋지 않은 사람은 걷기 운동을 열심히 한다.

47

걷기 운동을 열심히 하지 않으면 허리가 좋은 사람이다.

① 참
② 거짓
③ 알 수 없음

 '허리가 좋지 않은 사람은 걷기 운동을 열심히 한다'는 것이 참일 때, 그 대우 명제인 '걷기 운동을 열심히 하지 않으면 허리가 좋은 사람이다'도 참이 된다.

48

걷기 운동을 열심히 하는 사람은 허리가 좋지 않은 사람이다.

① 참
② 거짓
③ 알 수 없음

 '허리가 좋지 않은 사람은 걷기 운동을 열심히 한다.'의 역 명제인 '걷기 운동을 열심히 하는 사람은 허리가 좋지 않다'는 참일 수도 아닐 수도 있다.

┃49~50┃ 다음 〈조건〉을 보고 각 문제의 내용이 〈조건〉에 비추어 논리적으로 참이면 '참', 거짓이면 '거짓', 참·거짓을 알 수 없으면 '알 수 없음'을 선택하시오.

〈조건〉
• 국어 수업이 있으면 영어 수업이 없다.
• 영어 수업이 있는 날 수학 수업을 한다.
• 사회 수업은 과학 수업 다음 시간에 한다.
• 국어 수업이 있는 날 과학 수업도 있다.

49

사회 수업이 있으면 수학 수업도 있다.

① 참
② 거짓
③ 알 수 없음

 사회 수업이 있는 날은 과학 수업이 있고 과학 수업이 있는 날은 국어 수업도 있다. 국어 수업과 영어, 수학 수업은 겹치지 않으므로 거짓이다.

50

영어 수업이 있는 날에는 과학 수업이 없다.

① 참
② 거짓
③ 알 수 없음

 영어 수업이 있는 날에는 국어 수업이 없으므로 국어 수업이 있는 날에 수업하는 과학 수업도 없다.

Answer⤵ 47.① 48.③ 49.② 50.①

▌1~5▐ 제시된 도형을 아래의 [변환] 규칙과 [비교] 규칙에 따라 변환시킨다고 할 때, '?'에 들어갈 도형으로 알맞은 것을 고르시오.

[변환]

⇨⇨	1열을 2열로 복제
⇩⇩	1행을 2행으로 복제
↶	가운데를 기준으로 반시계방향으로 한 칸씩 이동
⇧⇩	1행과 3행을 교환

[비교]

□	해당 칸의 최초 도형과 모양을 비교
◁	해당 칸의 최초 도형과 모양이 같으면 1열씩 왼쪽으로 이동
△	해당 칸의 최초 도형과 모양이 다르면 1행씩 위로 이동
■	해당 칸의 최초 도형과 색깔을 비교
●	해당 칸의 최초 도형과 색깔이 같으면 해당 행 색 반전
○	해당 칸의 최초 도형과 색깔이 다르면 해당 열 색 반전

1

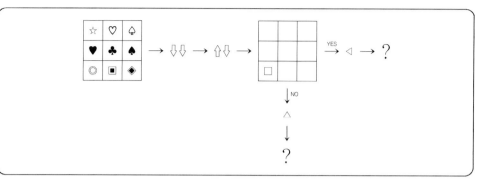

①

②

③

④

Answer → 1.③

2

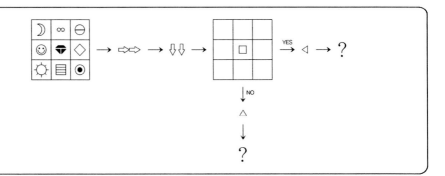

①

②

③

④

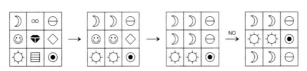

3

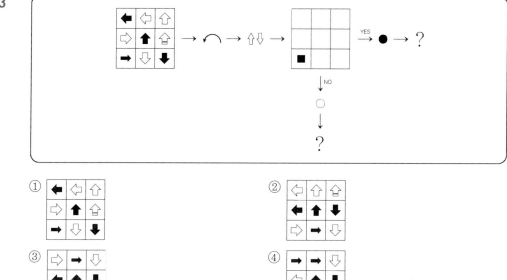

①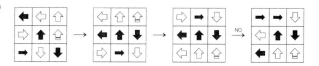

②

③

④

(Tip)

4

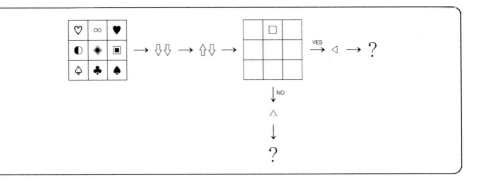

①
♡	∞	♥
♡	∞	♥
♤	♣	♠

②
♤	♣	♠
♡	∞	♥
♡	∞	♥

③
∞	♡	♥
∞	♡	♥
♤	♣	♠

④
♡	∞	♥
◑	◈	■
♤	♣	♠

(Tip)

♡	∞	♥
◑	◈	■
♤	♣	♠

→

♡	∞	♥
♡	∞	♥
♤	♣	♠

→

♤	♣	♠
♡	∞	♥
∞	♡	♥

→NO

♡	∞	♥
♡	∞	♥
♤	♣	♠

5

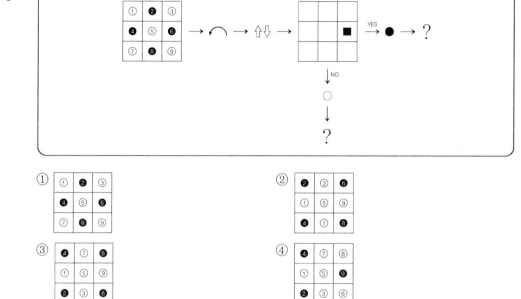

①
①	❷	③
❹	⑤	❻
⑦	❽	⑨

②
❷	③	❻
①	⑤	⑨
❹	⑦	❽

③
❹	⑦	❽
①	⑤	⑨
❷	③	❻

④
❹	⑦	⑧
①	⑤	❾
❷	③	⑥

(Tip)

①	❷	③
❹	⑤	❻
⑦	❽	⑨

→

❷	③	❻
①	⑤	⑨
❹	⑦	❽

→

❹	⑦	❽
①	⑤	⑨
❷	③	❻

$\xrightarrow{NO}$

❹	⑦	⑧
①	⑤	❾
❷	③	⑥

Answer → 4.① 5.④

▌6~10▐ 다음 [조건 1], [조건 2], [조건 3]을 적용하면 다음과 같은 [규칙]이 될 때, "?"에 들어갈 도형으로 알맞은 것을 고르시오.

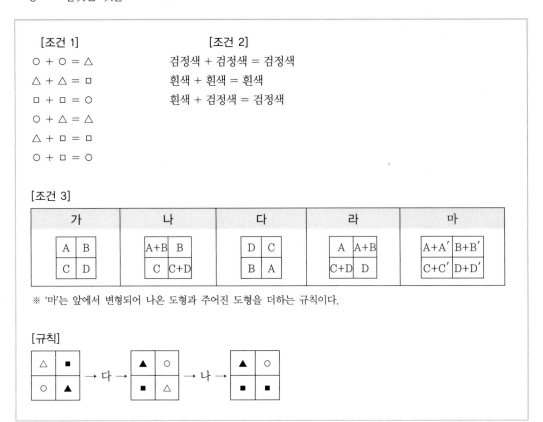

6

①

②

③

④

(Tip)

7

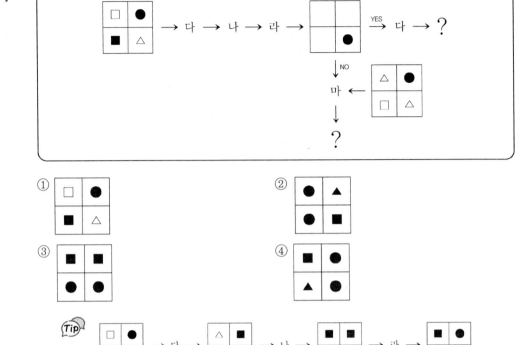

①
□	●
■	△

②
●	▲
●	■

③
■	■
●	●

④
■	●
▲	●

(Tip)
□	●
■	△
→ 다 →
△	■
●	□
→ 나 →
■	■
●	●
→ 라 →
■	●
▲	●

$\xrightarrow{\text{YES}}$ 다 →
●	▲
●	■

8

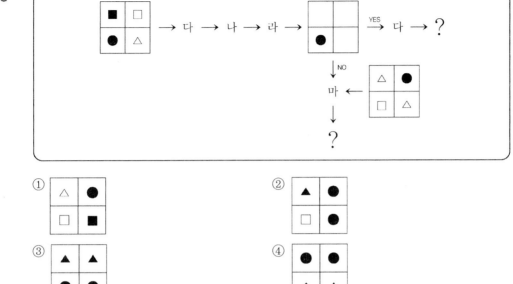

①

②

③

④

(Tip)

■ □ / ● △ → 다 → △ ● / □ ■ → 나 → ▲ ● / □ ● → 라 → ▲ ▲ / ● ●

YES 다 → ● ● / ▲ ▲

9

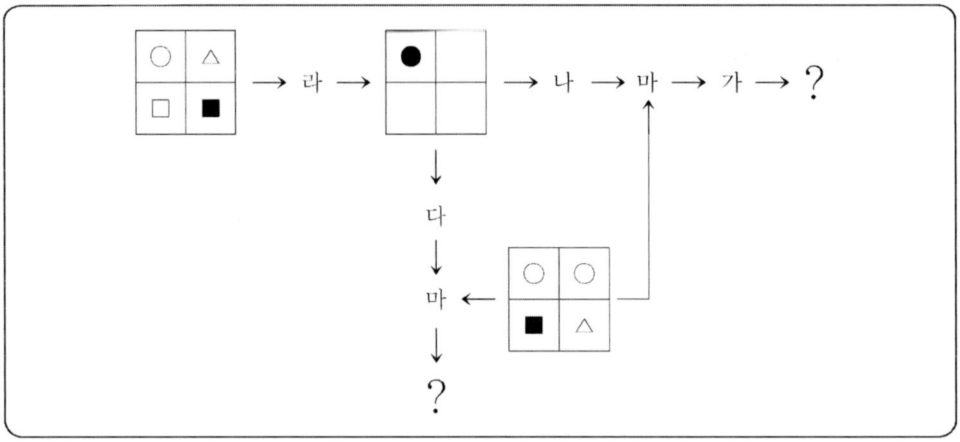

→ 라 → → 나 → 마 → 가 → ?

다

마 ←

?

① 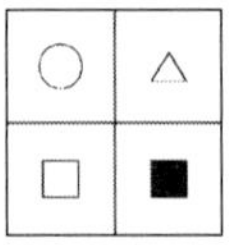 ② 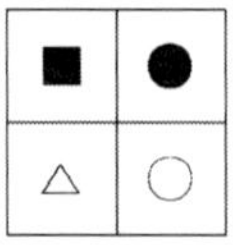 ③ 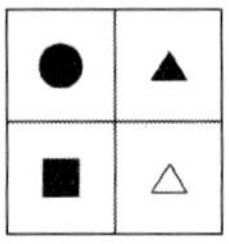 ④

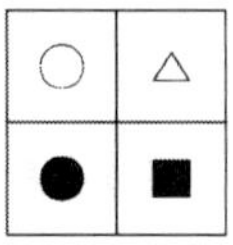

(Tip) → 라 → NO 다 → → 마 →

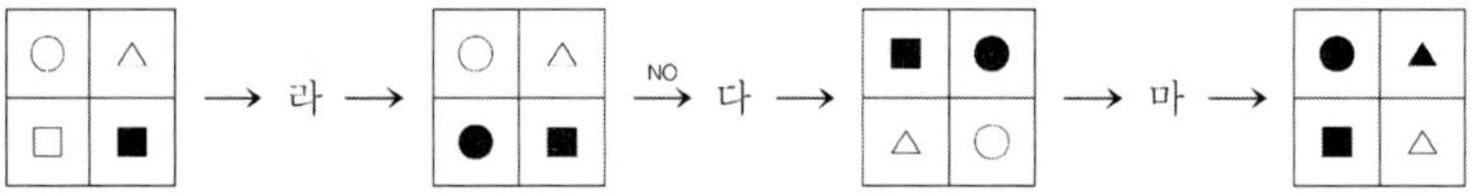

10

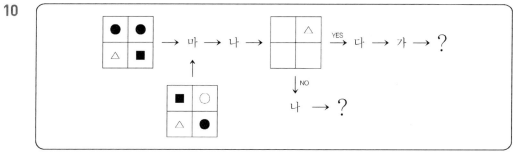

①

②

③

④

Answer↱ 9.③ 10.①

▎11~15▎ 다음에 제시된 도식 기호들(⬗, ◤, ◎, ◉)은 일정한 규칙에 따라 문자들을 변화시킨다. 괄호 안에 들어갈 알맞은 문자를 고르시오.

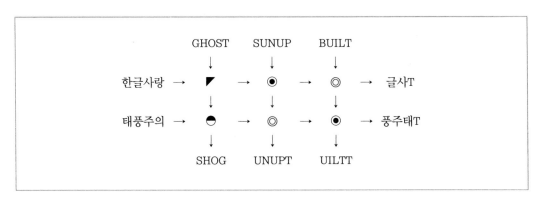

11

인적성검사 → ◉ → ⬗ → ( )

① T적성검사인   ② 인적성검사T
③ 적성검사T   ④ 적성검사T인

- ⬗ : 맨 앞자리 문자와 맨 끝자리 문자의 순서를 바꾼다.
- ◤ : 맨 끝자리 문자를 삭제한다.
- ◎ : 맨 앞자리 문자를 삭제한다.
- ◉ : 맨 끝자리에 T를 더한다.

인적성검사 → 인적성검사T → T적성검사인

12

QUESTION → ◎ → ◤ → ⬗ → ( )

① QUESTIONT   ② UESTION
③ UESTIO   ④ OESTIU

QUESTION → UESTION → UESTIO → OESTIU

13

도식추리력 → → ◉ → ▛ → ◎ → (　　)

① 력식추리도　　　　　　　② 력식추리도T

③ 도식추리력　　　　　　　④ 식추리도

(Tip) 도식추리력 → 력식추리도 → 력식추리도T → 력식추리도 → 식추리도

14

APTITUDE → ▛ → ◎ → ◉ → ◉ → (　　)

① APTITUD　　　　　　　　② PTITUDT

③ PTITUDTT　　　　　　　④ PTITUD

(Tip) APTITUDE → APTITUD → PTITUD → PTITUDT → PTITUDTT

15

0329232051 → ◉ → ◎ → → ▛ → (　　)

① T29232051　　　　　　　② 329232051T

③ T292320513　　　　　　　④ 0329232051T

(Tip) 0329232051 → 0329232051T → 329232051T → T292320513 → T29232051

Answer → 11.① 12.④ 13.④ 14.③ 15.①

▎16~20 ▎ 다음 제시된 도식 기호들(□, ■, ▷, ▶)은 일정한 규칙에 따라 문자들을 변화시킨다. 괄호 안에 들어갈 알맞은 문자를 고르시오.

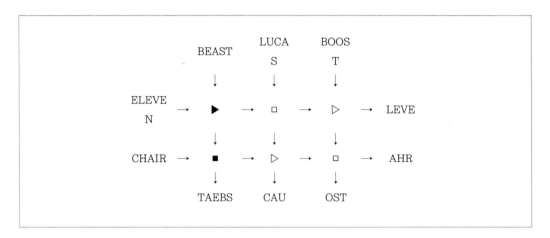

16

$$123456789 \rightarrow \triangleright \rightarrow \blacksquare \rightarrow \blacktriangleright \rightarrow (\quad)$$

① 234567891　　　　　　　　② 125436789

③ 254367891　　　　　　　　④ 123456789

- □ : 첫 번째 문자와 마지막 문자 삭제하기
- ■ : 두 번째 문자와 네 번째 문자 순서 바꾸기
- ▷ : 맨 앞자리 문자를 맨 뒤로 보내기
- ▶ : 맨 뒷자리 문자를 맨 앞으로 보내기

123456789 → 234567891 → 254367891 → 125436789

17

실무면접임원면접 → ▶ → ■ → □ → (　　)

① 접실무면접임원면　　　　　② 접면무실접임원면

③ 원면무실접임　　　　　　　④ 면무실접임원

실무면접임원면접 → 접실무면접임원면 → 접면무실접임원면 → 면무실접임원

18

레알마드리드 → ■ → ▷ → ▷ → (　　)

① 레드마알리드　　　　② 마알리드레드
③ 레알마드리드　　　　④ 드마알리드레

 레알마드리드 → 레드마알리드 → 드마알리드레 → 마알리드레드

19

서원각인적성 → ▶ → ▶ → ■ → (　　)

① 적성서원각인　　　　② 성서원각인적
③ 서원각인성적　　　　④ 적원서성각인

 서원각인적성 → 성서원각인적 → 적성서원각인 → 적원서성각인

20

PERSONALITY → ▶ → ▶ → □ → (　　)

① YPERSONALIT　　　　② YPERSONAL
③ TYPERSONAL　　　　④ PSREONALITY

 PERSONALITY → YPERSONALIT → TYPERSONALI → YPERSONAL

Answer 16.② 17.④ 18.② 19.④ 20.②

❙ 21~22 ❙ 다음 '?'에 들어갈 도형으로 알맞은 것을 고르시오.

21

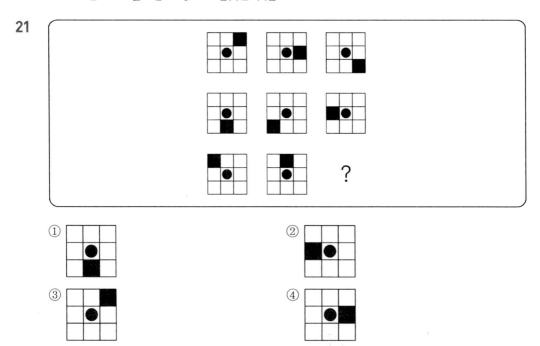

① ② ③ ④

Tip⟩ 색칠된 네모 칸이 시계 방향으로 한 칸씩 이동하고 있다. 따라서 '?'에 들어가는 도형은 ③ 이 된다.

22

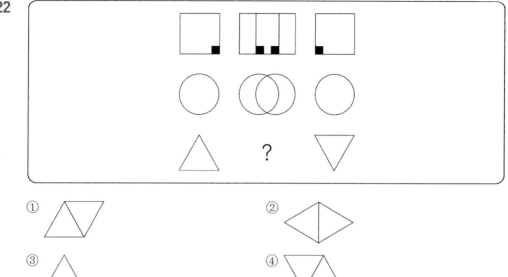

①
②
③
④

(Tip) 1열과 3열의 도형이 겹쳐져서 2열의 도형이 된다.

Answer → 21.③ 22.①

23~25 〈보기〉의 블록은 도형 A, B, C를 조립하여 만들 수 있다. 도형 C에 해당하는 것을 고르시오.

23

〈보기〉	도형 A	도형 B	도형 C
			?

①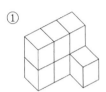

②

③

④

(Tip)
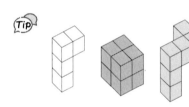

24

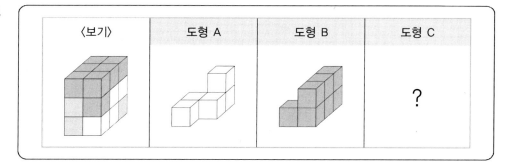

〈보기〉	도형 A	도형 B	도형 C

①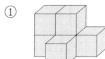

②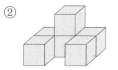

③

④

(Tip)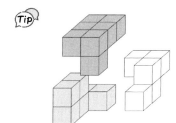

25

〈보기〉	도형 A	도형 B	도형 C
			?

①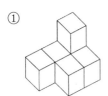

②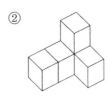

③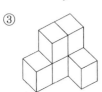

④

(Tip)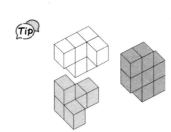

┃26~30┃ 제시된 두 도형을 결합했을 때 나타날 수 없는 형태를 고르시오.

26

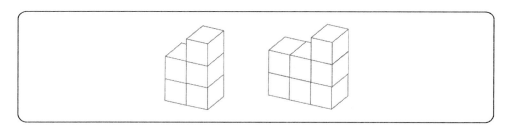

①

②

③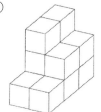

④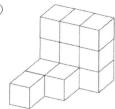

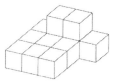

Answer ↴ 25.① 26.②

27

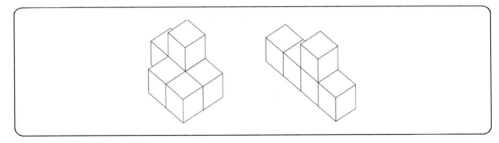

①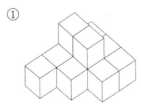

②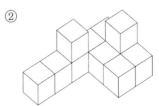

③

④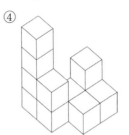

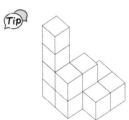

28

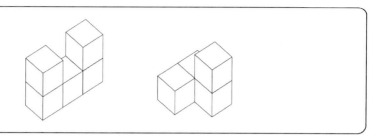

①

②

③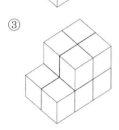

④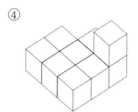

(Tip)

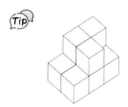

Answer → 27.④ 28.③

29

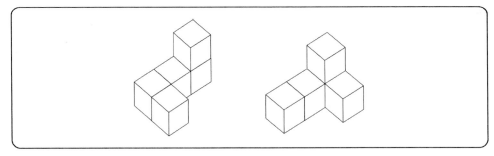

①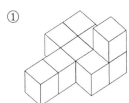

②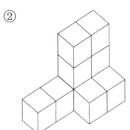

③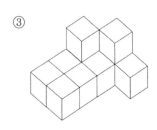

④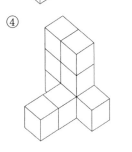

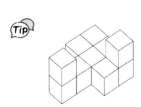

30

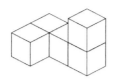 

①

②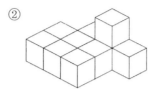

③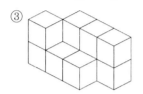

④

 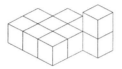

31

평면도	정면도	우측면도

①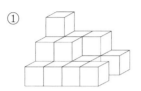

②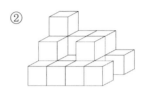

③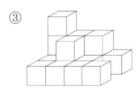

④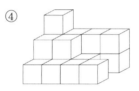

(Tip) ①②③ 정면도가 아래와 같은 모양으로 일치하지 않는다.

32

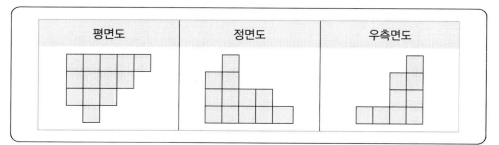

평면도	정면도	우측면도

①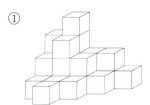

②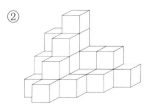

③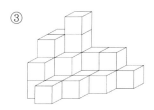

④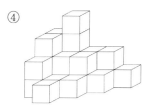

(Tip) ②③④ 우측면도가 아래와 같은 모양으로 일치하지 않는다.

33

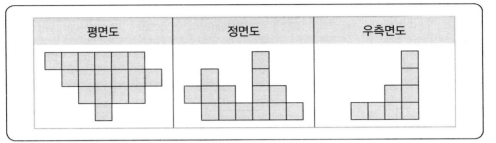

평면도	정면도	우측면도

①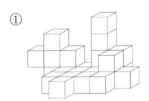

②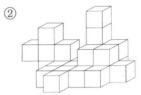

③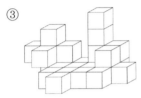

④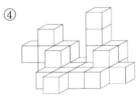

Tip ①②④ 평면이 아래와 같은 모양으로 제시된 단면도와 일치하지 않는다.

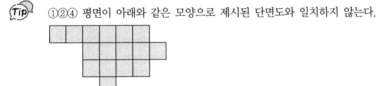

┃34~35┃ 다음 제시된 세 개의 단면을 참고하여 해당되는 입체도형을 고르시오.

34

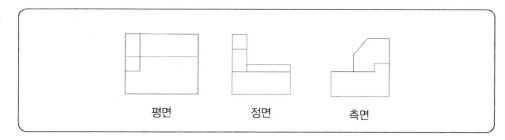

평면   정면   측면

①

②

③

④

 ① 평면과 측면의 모양이 다르다.
② 측면의 모양이 다르다.
③ 평면, 정면, 측면의 모양이 다르다.

Answer⌐→ 33.③ 34.④

35

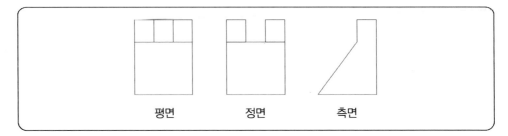

평면　　　　　정면　　　　　측면

①

②

③

④

① 정면, 측면의 모양이 다르다.
② 정면과 측면의 모양이 다르다.
④ 평면과 측면의 모양이 다르다.

▌1~10▐ 다음 제시된 문자를 서로 비교하여 다른 것을 고르시오.

1
① ㄱㄴㅊㅊㅎㅈㅋㅁㄴㄹ – ㄱㄴㅊㅊㅎㅈㅋㅁㄴㄹ
② ㅊㅁㅇㄴㅅㅈㅁㅊㅌ – ㅊㅁㅇㄴㅅㅈㄷㅇㅊㅌ
③ ㄹㅁㅂㅈㅌㅈㅂㅍㅋㅊ – ㄹㅁㅂㅈㅌㅈㅂㅍㅋㅊ
④ ㅂㄷㄱㄷㄱㅊㄹㄹㄴㅎ – ㅂㄷㄱㄷㄱㅊㄹㄹㄴㅎ

 ㅊㅁㅇㄴㅅㅈㅁㅊㅌ – ㅊㅁㅇㄴㅅㅈ<u>ㄷㅇ</u>ㅊㅌ

2
① ◇□◆◇□■◆◇■◇□ – ◇□◆◇□■◆◇■◇□
② △▼▲△▽▲▽■▼▲△ – △▼▲△▽▲▽▲◇▲△
③ ■◆□◆□▲◇◇□△■ – ■◆□◆□▲◇◇□△■
④ ▲▽▽△▼◇▲□◆◆△ – ▲▽▽△▼◇▲□◆◆△

 △▼▲△▽▲▽■▼▲△ – △▼▲△▽▲▽<u>▲◇</u>▲△

3
① asfgwgwfbvthgag – asfgwgwfbvthgag
② qrqwvraadfgxxqe – qrqwvraadfgxxqe
③ tsfascewgdsfcsfaf – tsfascewgdsfcsfaf
④ xfcvgwsczcvartws – xfcvgwsczcveutws

 xfcvgwsczcv<u>ar</u>tws – xfcvgwsczcv<u>eu</u>tws

Answer ↪ 35.③ / 1.② 2.② 3.④

4
① 츄코츄코카쾨퇴멍겅핑 – 츄코츄코카쾨퇴멍깅핑
② 푸르디딩컹콩크몽트타 – 푸르디딩컹콩크몽트타
③ 하쿠나푸타나마아타아 – 하쿠나푸타나마아타아
④ 하으오루나버아러거머 – 하으오루나버아러거머

(Tip) 츄코츄코카쾨퇴멍겅핑 – 츄코츄코카<u>퇴쾨</u>멍겅핑

5
① ◇○□◎◁▷■◆ – ◇○□◎◁▷■◆
② ◆◈●▨□◎☆○ – ◆◈●▨□◎☆○
③ △▽□○■△◁◎ – △▽□○■△◁◎
④ ◎▶◁■□○△◆ – ◎▶◁■○□△◆

(Tip) ◎▶◁■□○△◆ – ◎▶◁■<u>○□</u>△◆

6
① 日就月將非夢似夢 – 日就月將非夢似夢
② 茫茫大海壯元及第 – 茫茫大海壯元及第
③ 塞翁之馬指鹿爲馬 – 塞翁之馬指鹿馬爲
④ 舊態依然九折羊腸 – 舊態依然九折羊腸

(Tip) 塞翁之馬指鹿爲馬 – 塞翁之馬指鹿<u>馬爲</u>

7
① 31526587951356 – 31526587951356
② PTRIFDNFHRUT – PTRIFDNHFRUT
③ 95325712563015 – 95325712563015
④ 가갸거겨고교구규그 – 가갸거겨고교구규그

(Tip) PTRIFDNFHRUT – PTRIFDN<u>HF</u>RUT

8
① ㄱㅅㅇㅌㅊㄴㄷㄱㅅㅁㅇㄷㄱ – ㄱㅅㅇㅌㅊㄴㄷㄱㅈㅇㅁㄷㄱ
② ㅂㅋㅌㅅㄴㅇㅁㄹㅅㅈㄱㅍㅂ – ㅂㅋㅌㅅㄴㅇㅁㄹㅅㅈㄱㅍㅂ
③ ㅊㅈㅋㅂㅌㅍㅅㅇㅁㄹㄷㄱㄴ – ㅊㅈㅋㅂㅌㅍㅅㅇㅁㄹㄷㄱㄴ
④ ㅇㅅㄱㅋㄷㅌㅂㅎㅁㅋㅊㅌㅅ – ㅇㅅㄱㅋㄷㅌㅂㅎㅁㅋㅊㅌㅅ

ㄱㅅㅇㅌㅊㄴㄷㄱㅅㅁㅇㄷㄱ – ㄱㅅㅇㅌㅊㄴㄷㄱ<u>ㅈㅇㅁ</u>ㄷㄱ

9
① SERVANTSUVRVUV – SERVANTSUVRVUV
② 마머마먀모묘무뮤믜미 – 마머마먀묘모무뮤믜미
③ 13267245812538941 – 13267245812538941
④ 구그기긔거겨고교구규 – 구그기긔거겨고교구규

마머마먀모묘무뮤믜미 – 마머마먀<u>묘모</u>무뮤믜미

10
① ◆◐◖◪▨▩▦●◑◼ – ◆◐◖◪▨▩▦●◑◼
② ♣◉◆◼◖◇♤♠♡♥♧▷ – ♣◉◆◼◐♤♠♡♥♧▷
③ ♩♪♪♫♩♪♪♫♩♪♩♬♩♪ – ♩♪♪♫♩♪♪♫♩♪♩♬♩♪
④ ⊟⊒⊂⊐⊒⊃⊏⊂⊑⊒⊂ – ⊟⊒⊂⊐⊐⊒⊂⊑⊑⊒⊂

⊟⊒⊂⊐⊒⊃⊏⊂⊑⊒⊂ – ⊟⊒⊂<u>⊐⊐⊒⊂</u>⊑⊑⊒⊂

Answer ☞   4.①   5.④   6.③   7.②   8.①   9.②   10.④

마음	마을	마물	마약	마술	마력	마귀	마하	마찰
마부	마을	마력	마늘	마당	마중	마부	마임	마음
마취	마감	마하	마찰	마간	마패	마지	마무	마파
마치	마비	마름	마다	마사	마루	마개	마감	마당
마루	마치	마비	마다	마감	마강	마상	마임	마귀
마지	마개	마하	마늘	마루	마을	마약	마술	마패

11

마을 마주 마인 마전 마정

① 1개   ② 2개

③ 3개   ④ 4개

 마을만 3개가 제시되어 있다.

12

마루 마개 마부 마제 마정

① 4개   ② 5개

③ 6개   ④ 7개

 마루 3개, 마개 2개, 마부 2개가 제시되어 있다.

자각	자폭	자갈	자의	자격	자립	자유
자기	자극	자녀	자주	자성	자라	자랑
자조	자료	자고	자만	자취	자모	자멸
자색	자본	자비	자재	자질	자수	자동
자신	자연	자원	자괴	자음	자작	자개
자매	자세	자태	자존	자력	자판	자간
자문	자주	자진	자상	자신	자극	자해

13

자동	자각	자극	자녀	자의

① 3개   ② 4개

③ 5개   ④ 6개

(Tip) <u>자동, 자각, 자녀, 자의는 1개씩, 자극은 2개</u>가 제시되어 있다.

14

자아	자속	자조	자애	자백

① 1개   ② 2개

③ 3개   ④ 없음

(Tip) <u>자조</u>만 1개 제시되어 있다.

Answer⌐→ 11.③ 12.④ 13.④ 14.①

15

| 자연 자극 자력 자작 자수 |

① 1개   ② 2개

③ 3개   ④ 6개

 자연, 자력, 자작, 자수 1개씩, 자극 2개가 제시되어 있다.

┃16~17┃ 다음 보기를 참고하여 제시된 단어를 바르게 표기한 것을 고르시오.

> 3 = 몽 ㅇ = 꽃 5 = 량 ㅛ = 동 ㅠ = 체
> ㅏ = 벡 ㅈ = 코 ㅍ = 티 ㅜ = 낼 ㄹ = 정
> ㅂ = 피 6 = 을 ㅋ = 미 8 = 향 ㅢ = 레

16

| 을 미 벡 체 피 코 |

① 6ㅋㅏㅠㅂㅈ   ② 5ㅛㅜㄹㅍ3

③ ㅂㅛㅏㅇ6ㅠ   ④ ㅛㅏㅇㅍ8ㅋ

 을 미 벡 체 피 코 – 6ㅋㅏㅠㅂㅈ

17

| 정 레 량 향 미 벡 |

① 53ㄹㅍㅏㅛ   ② ㄹㅢ58ㅋㅏ

③ ㅠ8ㅋㄹㅈㅛ   ④ ㅜ6ㅍㅂㅢㅠ

 정 레 량 향 미 벡 – ㄹㅢ58ㅋㅏ

▮18~20▮ 주어진 보기를 참고하여 제시된 단어가 바르게 표기된 것을 고르시오.

㉠ = b	㉡ = a	㉢ = m	㉣ = i	㉤ = g
㉥ = r	㉦ = t	㉧ = e	㉨ = n	㉩ = l

18

> b i g m a m a

① ㉠ ㉣ ㉤ ㉢ ㉡ ㉢ ㉡　　② ㉠ ㉣ ㉤ ㉡ ㉢ ㉣ ㉢
③ ㉠ ㉢ ㉣ ㉤ ㉡ ㉢ ㉡　　④ ㉠ ㉣ ㉤ ㉢ ㉢ ㉡ ㉡

 b i g m a m a − ㉠ ㉣ ㉤ ㉢ ㉡ ㉢ ㉡

19

> t e l l m e

① ㉦ ㉨ ㉧ ㉨ ㉢ ㉧　　② ㉦ ㉧ ㉩ ㉩ ㉢ ㉧
③ ㉦ ㉧ ㉨ ㉨ ㉧ ㉢　　④ ㉧ ㉦ ㉨ ㉨ ㉢ ㉧

 t e l l m e − ㉦ ㉧ ㉩ ㉩ ㉢ ㉧

20

> g e n e r a l

① ㉧ ㉢ ㉧ ㉨ ㉡ ㉥ ㉩　　② ㉤ ㉧ ㉨ ㉧ ㉥ ㉡ ㉩
③ ㉢ ㉧ ㉨ ㉧ ㉡ ㉥ ㉩　　④ ㉢ ㉧ ㉧ ㉨ ㉡ ㉩ ㉥

 g e n e r a l − ㉤ ㉧ ㉨ ㉧ ㉥ ㉡ ㉩

Answer ↱ 15.④ 16.① 17.② 18.① 19.② 20.②

▌21~25▐ 다음은 한글의 자음과 모음을 영문 알파벳의 대문자와 소문자로 대응한 것이다. 이를 참고하여 제시된 단어를 알파벳으로 바르게 표기한 것을 고르시오.

ㄱ	ㄴ	ㄷ	ㄹ	ㅁ	ㅂ	ㅅ	ㅇ	ㅈ	ㅊ	ㅋ	ㅌ	ㅍ	ㅎ
A	B	C	D	E	F	G	H	I	J	K	L	M	N
ㅏ	ㅑ	ㅓ	ㅕ	ㅗ	ㅛ	ㅜ	ㅠ	ㅡ	ㅣ	ㅔ	ㅐ	ㅖ	ㅒ
a	b	c	d	e	f	g	h	i	j	k	l	m	n

21

> 우리나라

① HgDjBaDa ② HhDiBaDa
③ HgDiBaDc ④ HhDlBaDa

 ㅇ→H, ㅜ→g, ㄹ→D, ㅣ→i, ㄴ→B, ㅏ→a, ㄹ→D, ㅏ→a

22

> 엘리트주의

① HkDDjLiIgHij ② HkDDjLiIgHjj
③ HkDDjLjIgHij ④ HkDDiLiIgHij

 ㅇ→H, ㅔ→k, ㄹ→D, ㄹ→D, ㅣ→i, ㅌ→L, ㅡ→i, ㅈ→I, ㅜ→g, ㅇ→H, ㅡ→i, ㅣ→i

23

> 순발력강화

① GgBFaDdDAAaHNea ② GgBFaDDdAaAHNea
③ GgBFaDDdAAaHNea ④ GgBFaDDdAAaHNae

 ㅅ→G, ㅜ→g, ㄴ→B, ㅂ→F, ㅏ→a, ㄹ→D, ㄹ→D, ㅕ→d, ㄱ→A, ㄱ→A, ㅏ→a, ㅇ→H, ㅎ→N, ㅗ→e, ㅏ→a

24

인적성검사

① HjBjcAGcHAcEGa ② HjBIcACcHAcEGa

③ HjBIcAGcHAcEGe ④ HjBIcAGcHAcEGa

 ㅇ→H, ㅣ→j, ㄴ→B, ㅈ→I, ㅓ→c, ㄱ→A, ㅅ→G, ㅓ→c, ㅇ→H, ㄱ→A, ㅓ→ c, ㅁ→E, ㅅ→G, ㅏ→a

25

사회복지

① GaNeiFeAIj ② GaNejFeAIj

③ GaNejFeAIi ④ GaNejHeAIj

 ㅅ→G, ㅏ→a, ㅎ→N, ㅗ→e, ㅣ→j, ㅂ→F, ㅗ→e, ㄱ→A, ㅈ→I, ㅣ→j

▌26~30▌ 다음 제시된 문자들을 뒤에서부터 거꾸로 쓴 것을 고르시오.

26

QIAXEZWIHAD

① DAHWIZEXAIQ ② DAHIWZEXAIQ

③ DAHIWEZXAIQ ④ DAHIWZEXIAQ

 QIAXEZWIHAD를 거꾸로 쓰면 DAHIWZEXAIQ가 된다.

Answer➟ 21.① 22.① 23.③ 24.④ 25.② 26.②

27

$$\pi \, \rho \, \kappa \, \delta \, \varepsilon \, \xi \, \iota \, \tau \, \lambda \, \omega$$

① $\omega \, \lambda \, \iota \, \tau \, \xi \, \varepsilon \, \delta \, \kappa \, \rho \, \pi$ ② $\omega \, \lambda \, \tau \, \iota \, \varepsilon \, \xi \, \delta \, \kappa \, \rho \, \pi$

③ $\omega \, \lambda \, \tau \, \iota \, \xi \, \varepsilon \, \varepsilon \, \kappa \, \rho \, \delta \, \pi$ ④ $\omega \, \lambda \, \tau \, \iota \, \xi \, \varepsilon \, \delta \, \kappa \, \rho \, \pi$

  $\pi \, \rho \, \kappa \, \delta \, \varepsilon \, \xi \, \iota \, \tau \, \lambda \, \omega$를 거꾸로 쓰면 $\underline{\omega \, \lambda \, \tau \, \iota \, \xi \, \varepsilon \, \delta \, \kappa \, \rho \, \pi}$가 된다.

28

10111110001100111001

① 10011010110001111101   ② 10011100110001111011

③ 10011100110001111101   ④ 10011101010001111101

  10111110001100111001을 거꾸로 쓰면 <u>10011100110001111101</u>이 된다.

29

MIALTBEEHOST

① TSOHEEBTLAIM   ② TSOHEBETLAIM

③ TSOHEEBTLIAM   ④ TSOHEEBTLAMI

  MIALTBEEHOST을 거꾸로 쓰면 <u>TSOHEEBTLAIM</u>이 된다.

30

쿵쾅쿵쾅두근두근킹콩

① 콩킹근두근두쿵쾅쾅쿵   ② 콩킹근두근두쾅쿵쿵쾅

③ 콩킹근두근두쾅쿵쾅쿵   ④ 콩킹근두두근쾅쿵쾅쿵

  쿵쾅쿵쾅두근두근킹콩을 거꾸로 쓰면 <u>콩킹근두근두쾅쿵쾅쿵</u>이 된다.

▌31~35 ▌ 아래의 기호/문자 무리 중 각각의 문제에서 제시된 것이 몇 개인지 고르시오.

다원	다른	다미	다호	다진	다은
다랑	다혜	다준	다일	다원	다랑
다형	다안	다정	다빈	다도	다길
다혜	다진	다영	다랑	다호	다란
다란	다준	다금	다혜	다곤	다든
다랑	다이	다영	다빈	다윤	다원

31

다영

① 없음　　　　　　　　　　② 1개
③ 2개　　　　　　　　　　④ 3개

다원	다른	다미	다호	다진	다은
다랑	다혜	다준	다일	다원	다랑
다형	다안	다정	다빈	다도	다길
다혜	다진	**다영**	다랑	다호	다란
다란	다준	다금	다혜	다곤	다든
다랑	다이	**다영**	다빈	다윤	다원

32

다혜

① 4개　　　　　　　　　　② 3개

③ 2개　　　　　　　　　　④ 1개

다원	다른	다미	다호	다진	다은
다랑	**다혜**	다준	다일	다원	다랑
다형	다안	다정	다빈	다도	다길
다혜	다진	다영	다랑	다호	다란
다란	다준	다금	**다혜**	다곤	다든
다랑	다이	다영	다빈	다윤	다원

33

다곤

① 2개　　　　　　　　　　② 1개

③ 0개　　　　　　　　　　④ 3개

다원	다른	다미	다호	다진	다은
다랑	다혜	다준	다일	다원	다랑
다형	다안	다정	다빈	다도	다길
다혜	다진	다영	다랑	다호	다란
다란	다준	다금	다혜	**다곤**	다든
다랑	다이	다영	다빈	다윤	다원

34

다란

① 2개   ② 3개
③ 4개   ④ 5개

다원	다른	다미	다호	다진	다은
다랑	다혜	다준	다일	다원	다랑
다형	다안	다정	다빈	다도	다길
다혜	다진	다영	다랑	다호	**다란**
다란	다준	다금	다혜	다곤	다든
다랑	다이	다영	다빈	다윤	다원

35

다원

① 0개   ② 1개
③ 2개   ④ 3개

다원	다른	다미	다호	다진	다은
다랑	다혜	다준	다일	**다원**	다랑
다형	다안	다정	다빈	다도	다길
다혜	다진	다영	다랑	다호	다란
다란	다준	다금	다혜	다곤	다든
다랑	다이	다영	다빈	다윤	**다원**

| 36~40 | 아래의 기호/문자 무리 중 각각의 문제에서 제시된 것이 몇 개인지 고르시오.

A	C	Z	B	A	C
X	B	E	A	C	X
C	Y	C	X	Y	B
E	A	D	W	Z	Z
Y	Z	B	Z	E	C
X	E	Y	C	A	V

36

D

① 0개   ② 1개

③ 2개   ④ 3개

Tip

A	C	Z	B	A	C
X	B	E	A	C	X
C	Y	C	X	Y	B
E	A	D	W	Z	Z
Y	Z	B	Z	E	C
X	E	Y	C	A	V

37

C

① 5개   ② 6개

③ 7개   ④ 8개

Tip

A	C	Z	B	A	C
X	B	E	A	C	X
C	Y	C	X	Y	B
E	A	D	W	Z	Z
Y	Z	B	Z	E	C
X	E	Y	C	A	V

38

W

① 1개　　　　　　　　② 2개

③ 3개　　　　　　　　④ 4개

A	C	Z	B	A	C
X	B	E	A	C	X
C	Y	C	X	Y	B
E	A	D	W	Z	Z
Y	Z	B	Z	E	C
X	E	Y	C	A	V

39

Y

① 1개　　　　　　　　② 2개

③ 3개　　　　　　　　④ 4개

A	C	Z	B	A	C
X	B	E	A	C	X
C	Y	C	X	Y	B
E	A	D	W	Z	Z
Y	Z	B	Z	E	C
X	E	Y	C	A	V

Answer ⟶ 36.② 37.③ 38.① 39.④

40

Z

① 3개   ② 4개

③ 5개   ④ 6개

Tip

A	C	Z	B	A	C
X	B	E	A	C	X
C	Y	C	X	Y	B
E	A	D	W	Z	Z
Y	Z	B	Z	E	C
X	E	Y	C	A	V

┃41~45┃ 각 문제의 보기 중 아래의 기호/문자 무리에 제시되지 않은 것을 고르시오.

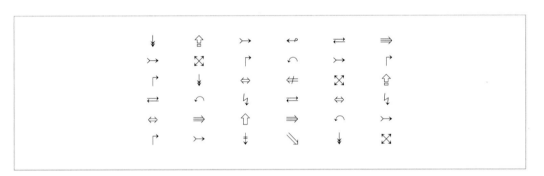

41   ① ↰   ② ⇔

③ ⌒   ④ ⇒

Tip   ↰는 위 기호 무리에 제시되지 않았다.

42 ① ⤚→　　　　　　　　　② ↔
　　③ ↳　　　　　　　　　　④ ⇧

(Tip) ↔는 위 기호 무리에 제시되지 않았다.

43 ① ⤫　　　　　　　　　　② ↱
　　③ ⇈　　　　　　　　　　④ ↓

(Tip) ⇈는 위 기호 무리에 제시되지 않았다.

44 ① ⇧　　　　　　　　　　② ⇄
　　③ ⇐　　　　　　　　　　④ ⤳

(Tip) ⤳는 위 기호 무리에 제시되지 않았다.

45 ① ↘　　　　　　　　　　② ↕
　　③ ↩　　　　　　　　　　④ ✛

(Tip) ✛는 위 기호 무리에 제시되지 않았다.

Answer ┌→　40.③　41.①　42.②　43.③　44.④　45.④

▎46~50 ▎ 각 문제의 보기 중 아래의 기호/문자 무리에 제시되지 않은 것을 고르시오.

∴	∷	∹	∴	≏	∵
∴	⋮	∵	∴	∷	≒
÷	≗	≔	∶	∴	⊨
∷	∴	≏	÷	÷	∴
≓	∴	⊨	∵	⊨	÷
≈	÷	⋯	∷	≏	⊶

46 ① ⊶ ② ≒
　　 ③ ÷ ④ ∴

 Tip ≒는 위 기호 무리에 제시되지 않았다.

47 ① ≑ ② ∵
　　 ③ ≗ ④ ≔

Tip ≔는 위 기호 무리에 제시되지 않았다.

48 ① ÷ ② ∷
　　 ③ ≃ ④ ≔

Tip ≃는 위 기호 무리에 제시되지 않았다.

49 ① ∴   ② ⇌
    ③ ∵   ④ ∶

(Tip) ∵.는 위 기호 무리에 제시되지 않았다.

50 ① ∺   ② ⋯
    ③ ∸   ④ ∶

(Tip) ∺는 위 기호 무리에 제시되지 않았다.

Answer ➠ 46.② 47.④ 48.③ 49.③ 50.①

07 직무상식능력

1 홍콩의 민주화를 요구하며 시작된 홍콩 시민들의 반(反)중국 민주화 시위에 붙여진 이름으로 경찰의 공격을 이것으로 막아내 붙여졌다. 이 혁명은?

① 카네이션 혁명

② 벨벳 혁명

③ 샤프란 혁명

④ 우산 혁명

 우산 혁명 … 홍콩의 민주화를 요구하며 시작된 홍콩 시민들의 반(反)중국 민주화 시위에 붙여진 이름이다. 수천 명의 시민들이 시위를 하고 있는 장소에 홍콩경찰이 시민들을 해산시킬 목적으로 최루가스를 살포했고, 시민들은 이러한 경찰의 공격을 우산으로 막아냄으로써 홍콩의 시위가 '우산혁명(Umbrella Revolution)'이라는 이름을 얻게 되었다.

2 정치적 사상의 반대자를 대중으로부터 고립시켜 공격·탄압할 목적으로 기성사실을 날조하는 것을 지칭하는 용어는?

① 프레임업(frame up)

② 레이더스(raiders)

③ 스핀아웃(spin out)

④ 스핀오프(spin off)

 ② 자신이 매입한 주식을 배경으로 회사경영에 압력을 넣어 기존 경영진을 교란시키고 매입주식을 비싼 값에 되파는 등 부당이득을 취하는 집단이다.
③ 경영 조직으로부터 업무 일부를 분리하여 독립한 별개 회사로서 경영하는 일이다.
④ 정부출연연구기관의 연구원이 자신이 참여한 연구결과를 가지고 별도의 창업을 할 경우 정부보유의 기술을 사용한데 따른 로열티를 면제해 주는 제도를 말한다.

3 다음 중 경영에서 목표에 의한 관리(MBO)의 효용과 한계에 관한 설명으로 옳지 않은 것은?

① 목표의 명확한 설정 및 성과의 계량적 측정이 어렵다.

② 수평적 의사소통체계보다 수직적 의사소통체계를 개선하는 데 더욱 유리하다.

③ 단기적 목표보다 장기적 목표에 대한 조직구성원들의 관심을 유도하는 데 도움을 준다.

④ 상·하 계급에 관계없이 모든 조직구성원들의 공동참여에 의한 목표설정을 통하여 목표에 대한 인식을 공유할 수 있다.

 ③ 목표에 의한 관리는 목표달성결과를 측정하므로 단기적인 목표에 주안점을 두고 장기적 목표를 경시할 가능성이 있다.

4 일정한 대상을 특정요소로 평가하는 것은?

① 헤일로효과　　　　　　　　　② 선입견

③ 관대화　　　　　　　　　　　④ 집중화 경향

 헤일로효과(halo effect) … 후광을 뜻하는데, 인물이나 상품을 평정할 때 대체로 평정자가 빠지기 쉬운 오류의 하나로 피평정자의 전체적인 인상이나 첫인상이 개개의 평정요소에 대한 평가에 그대로 이어져 영향을 미치는 등 객관성을 잃어버리는 현상을 말한다.

5 주식시장에서 주가와 등락폭이 갑자기 커질 경우 시장에 미치는 영향을 완화하기 위해 주식매매를 일시 정지하는 제도는?

① 서킷브레이크　　　　　　　　② 섀도 보팅

③ 공개매수(TOB)　　　　　　　④ 사이드카

 ② 뮤추얼펀드가 특정 기업의 경영권을 지배할 정도로 지분을 보유할 경우 그 의결권을 중립적으로 행사할 수 있도록 제한하는 제도로 다른 주주들이 투표한 비율대로 의결권을 분산시키는 것이다.
　③ 주식 등 유가증권을 증권시장 외에서 10인 이상 불특정 다수인으로부터 청약을 받아 공개적으로 매수하는 것을 말한다.
　④ 선물거래에서 가격이 4% 이상 상승해 1분간 지속되면 발동하는 것으로, 프로그램 매매가 5분간 정지된다.

Answer ⟶ 1.④ 2.① 3.③ 4.① 5.①

6 경기침체를 극복하기 위해 확장적인 통화정책을 시행했음에도 불구하고 경기회복 효과가 크지 않았다고 하자. IS-LM모형을 근거로 할 때 그 이유로 가장 옳지 않은 것은?

① 화폐유통속도가 크게 하락하였다.

② 투자가 이자율에 대해 매우 비탄력적이다.

③ 화폐수요가 이자율에 대해 매우 탄력적이다.

④ 한계소비성향이 1에 가깝다.

 ① 화폐수량설 MV = PY에서 통화량(M)이 증가할 때 화폐유통속도(V)가 크게 하락한다면 명목 GDP(PY)에 전혀 영향을 주지 않는다.
② 투자가 이자율에 대해 매우 비탄력적이라면 확대 통화정책으로 이자율이 하락하더라도 투자가 별로 증가하지 않기 때문에 총수요에 큰 영향을 주지 않는다.
③ 화폐수요가 이자율에 대해 매우 탄력적이라면 확대 통화정책으로 이자율이 하락할 때 화폐수요가 크게 증가하므로 이자율이 다시금 상승한다. 따라서 이자율 하락효과가 작아지기 때문에 투자에 미치는 영향이 작아진다.

7 사회보장제도에 대한 설명으로 옳은 것은?

① 우리나라 사회보장제도는 사회보험, 공공부조, 사회복지서비스로 구분된다.

② 공공부조의 대상자는 보험료 부담 능력이 있는 사람이다.

③ 사회보험은 강제성을 띠지 않는다.

④ 사회보험은 비용을 국가에서 부담하는 반면, 공공부조는 피보험자가 부담한다.

 ① 국제노동기구(ILO)에서는 사회보장의 내용을 사회보험과 공공부조로 보고 있는 것에 비해, 우리나라와 일본에서는 사회보험, 공공부조, 사회복지서비스로 구분하여 보고 있다.
② 공공부조는 보험료의 부담능력이 없는 생활 무능력자를 대상으로 한다.
③ 사회보험은 강제가입, 능력별 부담, 근로의욕 고취 등의 특징을 보인다.
④ 사회보험은 피보험자나 기업주 또는 국가에서 비용을 부담하고, 공공부조는 전액 국가에서 부담한다.

8 근로자의 쟁의행위가 아닌 것은?

① 태업

② 사보타주

③ 직장폐쇄

④ 파업

 쟁의행위…파업, 태업, 직장폐쇄 등 기타 노동관계 당사자가 그 주장을 관철할 목적으로 행하는 행위와 이에 대항하는 행위로서 업무의 정상적 운영을 저해하는 행위를 말한다.

① 표면적으로는 작업을 하면서 집단적으로 작업능률을 저하시켜 사용자에게 손해를 주는 쟁의행위이다.

② 단순한 태업에 그치지 않고 의식적이고 고의적으로 사유재산을 파괴하고 생산설비 손상을 통한 노동자의 쟁의행위이다.

③ 노사쟁의가 일어났을 때 사용자가 자기의 주장을 관철시키기 위해 공장·작업장을 폐쇄하는 일을 말한다.

④ 노동자들이 자신들의 요구를 실현시키기 위해 집단적으로 생산 활동이나 업무를 중단함으로써 자본가에 맞서는 투쟁방식이다.

9 미국 시카고의 레이크쇼어 도로가 곡선구간이 많아 사고가 빈발하자 시 당국은 속도가 높아진다는 착각이 들도록 커브가 시작되는 지점부터 흰 선을 가로로 그리면서 커브에 가까이 갈수록 선의 간격을 점점 좁아지도록 했다. 그러자 사고건수가 줄어들었다. 이 것과 관련 있는 이론은?

① 밴드웨건효과

② 디드로효과

③ 넛지효과

④ 래칫효과

 넛지효과(nudge effect) … 어떠한 금지나 인텐시브 없이도 인간 행동에 대한 적절한 이해를 바탕으로 타인의 행동을 유도하는 부드러운 개입을 뜻하는 말로, 똑똑한 선택을 유도하는 선택설계의 틀을 의미한다. 행동경제학자인 캐스 R. 선스타인과 리처드 탈러가 공저한 「넛지」에 의하면, 팔을 잡아끄는 것처럼 강제와 지시에 의한 억압보다 팔꿈치로 툭 치는 것과 같은 부드러운 개입으로 특정한 행동을 유도하는 것이 더 효과적이라고 한다.

Answer → 6.④ 7.① 8.③ 9.③

10 다음 중 연예인이나 유명인이 자살할 경우, 그 사람과 자신을 동일시해서 자살을 시도하는 현상은?

① 베르테르효과   ② 나비효과

③ 피그말리온효과   ④ 스티그마효과

① 베르테르효과 : 동조자살, 모방자살이라고 하며, 독일 문호 괴테의 「젊은 베르테르의 슬픔」에서 유래했다.
② 나비효과 : 어떤 일이 시작될 때 있었던 아주 작은 양의 차이가 결과에서는 매우 큰 차이를 만들 수 있다는 이론이다.
③ 피그말리온효과 : 타인의 기대나 관심으로 인하여 능률이 오르거나 결과가 좋아지는 현상을 뜻한다.
④ 스티그마효과 : 상대방에게 부정적으로 무시당하거나, 치욕을 당한 경우에 당사자가 부정적으로 변하는 것을 말한다.

11 인터넷으로 상품을 구매할 때 나타나는 새로운 소비 흐름으로 다른 사람이 제품을 사용한 경험을 중요하게 여겨 물건을 구입할 때 이미 그 물건을 산 사람의 의견을 참고하여 결정을 내리는 소비자군을 일컫는 말은?

① 리뷰슈머   ② 트윈슈머

③ 프로슈머   ④ 그린슈머

트윈슈머(Twinsumer)…쌍둥이라는 뜻의 '트윈(Twin)'과 소비자를 의미하는 '컨슈머(Consumer)'의 합성어이다. 인터넷에서는 판매하는 제품을 소비자가 직접 보거나 만져볼 수 없으므로 제품사용후기를 참고하여 평가하고 구매를 한다. 또한, 제품을 사용한 후 장·단점을 직접 작성하여 인터넷에 올리는 등 적극적으로 후기를 쓰는 것에 참여하기도 한다.
① 리뷰슈머 : 리뷰(Review)와 컨슈머(Consumer)의 합성어로 제품을 써보고 온라인 상에 품평을 올려 다른 사람들의 소비 결정에 큰 영향을 미치는 소비자 집단
③ 프로슈머 : '생산자'를 뜻하는 영어 'producer'와 '소비자'를 뜻하는 영어 'consumer'의 합성어로 소비는 물론 제품 개발과 유통과정에도 직접 참여하는 '생산적 소비자'
④ 그린슈머 : 그린(green)과 소비자(consumer)의 합성어로 친환경유기농제품을 선호하고 친환경을 생각하는 소비자

12 주택 담보대출을 취급했던 은행계에서 상품을 없애자 자금융통이 급급한 고객들이 제2금융권으로 몰리는 현상은 무엇과 관련 있는가?

① 풍선효과
② 칵테일파티효과
③ 피그말리온효과
④ 스티그마효과

 풍선효과…풍선의 한 곳을 누르면 다른 곳이 불거져 나오는 것처럼 문제 하나가 해결되면 또 다른 문제가 생겨나는 현상이다.

② 여러 사람들이 모여 한꺼번에 이야기하고 있음에도 자신이 관심을 갖는 이야기를 골라 들을 수 있는 것으로 시끄러운 잔치 집에서 한 화자에게만 주의하고 유사한 공간 위치에서 들려오는 다른 대화를 선택적으로 걸러내는 능력을 묘사한 것이다.

③ 타인의 기대나 관심으로 인하여 능률이 오르거나 결과가 좋아지는 현상으로 로젠탈효과, 자성적 예언, 자기충족적 예언이라고도 한다.

④ 다른 사람들에게 무시당하고 부정적인 낙인이 찍히면 행태가 나쁜 쪽으로 변해 가는 현상을 말한다.

13 현재 저작권이 보호되는 기간은 저작자 사후 몇 년 동안인가?

① 40년
② 50년
③ 60년
④ 70년

 저작권법 제39조(보호기간의 원칙) … 저작재산권은 특별한 규정이 있는 경우를 제외하고는 저작자가 생존하는 동안과 사망한 후 70년간 존속한다. 공동저작물의 저작재산권은 맨 마지막으로 사망한 저작자가 사망한 후 70년간 존속한다.

14 세계 4대 메이저 마라톤 대회가 아닌 것은?

① 베를린
② 로테르담
③ 런던
④ 뉴욕

 세계 4대 메이저 마라톤 … 보스턴, 뉴욕, 런던, 로테르담

Answer ➠ 10.① 11.② 12.① 13.④ 14.①

15 다음 중 2015년 유네스코 세계유산에 등재된 것은?

① 경주 역사 지구

② 하회와 양동

③ 남한산성

④ 백제역사유적지구

 한국의 세계유산 목록

㉠ 해인사 장경판전(1995)

㉡ 종묘(1995)

㉢ 석굴암과 불국사(1995)

㉣ 창덕궁(1997)

㉤ 화성(1997)

㉥ 고창, 화순, 강화의 고인돌 유적(2000)

㉦ 경주 역사 지구(2000)

㉧ 제주 화산섬과 용암 동굴(2007)

㉨ 조선 왕릉(2009)

㉩ 한국의 역사마을 : 하회와 양동(2014)

㉪ 남한산성(2014)

㉫ 백제역사유적지구(2015)

16 미국 브로드웨이에서 연극인들과 극장 관계자들에게 수여하는 상(賞)으로 '연극의 아카데미상'이라고도 불리는 상은 무엇인가?

① 골든글러브상

② 토니상

③ 템플턴상

④ 에미상

 토니상(Tony Awards)은 미국 브로드웨이에서 앙투아네트 페리를 기리기 위해 1947년 만들어진 상으로 앙투아네트 페리의 애칭인 토니에서 딴 명칭이다.

① 골든글러브상(Golden Globe Prize)은 세계 90개국의 신문 및 잡지 기자로 구성된 할리우드 외신기자협회가 그 해 영화인에게 수여하는 상이다.

③ 템플턴상(The Templeton Prize)은 종교계의 노벨상으로 불리며, 매년 종교 분야에서 인류를 위해 크게 이바지한 인물들에게 시상한다.

④ 에미상(Emmy Awards)은 텔레비전의 아카데미상이라 평가되는 미국 최대의 프로그램 콩쿠르상으로 텔레비전 작품 관계자의 우수한 업적을 평가하여 미국텔레비전 예술과학 아카데미가 주는 상이다.

17 다음 중 직책과 임기가 잘못 짝지어진 것은?

① 국회의장 – 2년

② 국회의원 – 4년

③ 대통령 – 5년

④ 대법원장 – 5년

 임기 6년 … 헌법재판소 재판관, 대법원장, 대법관, 중앙선거관리위원회 위원

18 다음 역사적 사건을 순서대로 나열한 것은?

㉠ 5 · 18 민주화 운동	㉡ 6월 민주 항쟁
㉢ 유신헌법 공포	㉣ 4 · 19 혁명

① ㉠ – ㉡ – ㉢ – ㉣

② ㉠ – ㉢ – ㉣ – ㉡

③ ㉡ – ㉢ – ㉣ – ㉠

④ ㉣ – ㉢ – ㉠ – ㉡

(Tip) ㉣ 4 · 19 혁명(1960)은 3 · 15 부정선거를 원인으로 이승만 독재 정치 타도를 위해 일어난 민주혁명이다.

㉢ 유신헌법 공포(1972)는 박정희 정부 때 대통령에게 초법적 권한을 부여한 권위주의적 체제이다.

㉠ 5 · 18 민주화 운동(1980)은 10 · 26 사태 이후 등장한 신군부에 저항한 운동이다.

㉡ 6월 민주 항쟁(1987)은 전두환 정권 때 대통령 직선제 개헌을 요구하며 일어난 민주화 운동이다.

Answer → 15.④ 16.② 17.④ 18.④

19 다음에서 설명하는 곳은 어디인가?

> 이 곳은 경주 남산 서쪽 계곡에 있는 신라시대 연회장소로 왕이나 화랑이 풍류를 즐기고 술잔을 기울이는 곳이었다. 이 곳의 틈 사이로 물이 흘러 들어오면 그 위에 술잔을 동동 띄워 놓고 술을 마시곤 하였는데, 술잔의 형태, 잔 속에 담긴 술의 양에 따라 잔이 흐르는 시간이 일정하지 않았다.

① 경회루   ② 안압지
③ 포석정   ④ 태화루

 포석정은 경주 남산 서쪽 계곡에 있는 신라시대 연회장소로 유상곡수연(流觴曲水宴)을 본떠서 만들었으며, 현재 정자는 없고 풍류를 즐기던 물길만 남아있다.

20 다음 중 사무실내 호칭 예절에 대한 설명이 옳은 것은?

① 상사에게 자기를 지칭할 경우 '저' 또는 성과직위나 직무명을 사용한다.
② 상사에 대한 존칭은 문서에도 쓰는 것이 원칙이다.
③ 차상급자에게 상급자의 지시나 결과를 보고할 때에도 성과 직위 다음에 '님'의 존칭을 생략해서는 안 된다.
④ 본인의 임석 하에 지시를 전달할 때는 '님'을 생략한다.

 ① 상사에게 자기를 지칭할 경우 '저' 또는 성과직위나 직무명을 사용하며 하위자나 동급자간에 자기의 호칭에서 '나'를 사용한다.
② 문서에는 상사의 존칭을 생략하는 것이 원칙이다. 즉, 상사에 대한 존칭은 호칭에만 쓴다.
③ 차상위자에게 상급자의 지시나 결과를 보고할 때는 직책과 직위만 사용한다.
④ 본인이 임석 하에 지시를 전달 할 때는 '님'을 붙인다.

21 다음에서 설명하는 것은 무엇인가?

> • 경쟁을 할 때 어느 한 쪽이 양보하지 않을 경우 상대가 무너질 때까지 출혈 경쟁을 해서 결국 양쪽 모두 파국으로 치닫게 되는 극단적인 게임이론
> • 1950년대 미국 젊은이들 사이에서 유행하던 자동차 게임의 이름으로 한밤중에 도로에서 마주보고 두 명의 경쟁자가 자신의 차를 몰고 각각 정면으로 돌진하다가 충돌 직전에 핸들을 꺾는 사람이 지는 경기
> • 1950~1970년대 미국과 구 소련 사이의 극심한 군비경쟁에 대해 비판하면서 차용

① 제로섬 게임
② 치킨 게임
③ 포지티브섬 게임
④ 내쉬 균형

 ① 승자의 득점과 패자의 실점의 합계가 영(零)이 되는 게임. 승패의 합계가 항상 일정한 일정합게임의 하나로 이 게임에서는 승자의 득점은 항상 패자의 실점에 관계하므로 심한 경쟁을 야기시키는 경향이 있다. 이에 반해 승패의 합계가 제로가 아닌 경우의 게임을 넌 제로섬 게임이라 하며, 게임의 결과에 따라 달라지는 것을 변동합 게임이라 한다.
③ 엄밀하게 말하면 포지티브섬 게임은 게임론의 개념은 아니나 비공식적으로 자신의 이득을 개별적으로 추구하는 합리적 플레이어 간에 상호적인 협력이 발생할 가능성이 높은 경우 포지티브섬 게임이라는 표현이 종종 사용된다.
④ 게임이론의 개념으로서 각 참여자가 상대방의 전략을 주어진 것으로 보고 자신에게 최적인 전략을 선택할 때 그 결과가 균형을 이루는 최적 전략의 집합을 말한다. 즉 상대방의 전략이 공개되었을 때 어느 누구도 자기 전략을 변화시키려고 하지 않는 전략의 집합이라고 말할 수 있다. 그리고 이러한 전략 구성이 두 참여자에 의해 모두 예측되었을 때 이 게임은 내쉬 균형에 도달하게 된다.

22 법의 해석에 있어서 '악법도 법이다'라는 말이 있는데, 이는 다음 어느 것을 나타내는가?

① 법의 윤리성
② 법의 강제성
③ 법의 타당성
④ 법의 규범성

 '악법도 법이다'(소크라테스)는 법의 강제성, 법적 안정성, 준법의식을 강조한 말이다.

23 다음 중 행정권을 견제하기 위해 국회에 주어진 권한이 아닌 것은?

① 특별사면동의권   ② 국군해외파견동의권

③ 국무총리임명동의권   ④ 조약체결 · 비준동의권

 국회는 일반사면에 대한 동의권만 가진다. 특별사면은 대통령 고유의 권한으로 국무회의의 의결을 거치면 된다.

24 국제무역에 있어서 생산자가 이익은 무시한 채 계획적으로 수출국 내에서 통상적으로 거래되는 특정물품의 국내가격보다 낮은 가격 혹은 생산비보다 밑도는 가격으로 상품을 수출하는 일은?

① 무역자유화(trade liberalization)

② 세이프가드(safeguard)

③ 포괄수입허가제(open general licence)

④ 덤핑(dumping)

 ① 관세 이외의 수단에 의한 무역관리 · 환관리를 완화 또는 폐지하는 무역정책이다.
② 특정상품의 수입급증으로부터 국내 산업을 보호하기 위해서 취하는 긴급수입제한 조치이다.
③ 환의 매입허가를 개별적으로 주는 대신 미리 포괄적인 허가를 내려놓고 그 범위 내에서 허가신청 없이 환매입을 허가해주는 제도이다.

25 경기침체 시 물가가 급속히 하락하고 화폐량의 실질가치가 증가하여 민간의 부(wealth)가 증가하고 소비 및 총 수요가 증대되는 효과를 무엇이라 하는가?

① 전시효과(demonstration effect)

② 톱니효과(ratchet effect)

③ 피구효과(Pigou effect)

④ 속물효과(snob effect)

 전시효과는 미디어의 선전에 의한 소비증대효과를, 톱니효과는 소비감소율이 소득감소율보다 적게 나타나는 효과를 의미한다. 속물효과는 특정 상품에 대한 소비 증가 시 수요가 줄어드는 현상으로, 소비할 제품이 흔해지는 것을 기피하는 심리에서 기인한다.

26 다음 중 부메랑현상이란 무엇인가?

① 개발도상국의 외채급증현상

② 기술수혜국이 기술제공국의 시장을 잠식하는 현상

③ 호주 원주민의 소멸현상

④ 불황 속에서 인플레가 계속되는 현상

 부메랑현상 … 선진국이 후진국에 대하여 경제원조나 자본을 투자한 결과 그 생산제품이 현지 시장수요를 초과하게 되어 선진국에 역수출됨으로써 선진국의 당해 산업과 경합하게 되는 것을 말한다.

27 유연성이 풍부한 자동화 생산라인으로서 '다품종 소량생산시대'를 맞이하는 데 기여하고 있는 것은?

① CAM
② FMS
③ ZD
④ CPM

Tip FMS(Flexible Manufacturing System) … 다품종 소량생산을 가능하게 하는 생산 시스템으로, 공장자동화의 기반이 되는 시스템화 기술이다.
① CAM(Computer Aided Manufacturing) : 컴퓨터를 이용하여 제조업무를 실시하는 것이다.
③ ZD(Zero Defect)운동 : 무결점운동 또는 NE (No Error)운동을 의미한다. 작업과정에서 결함을 영(zero)으로 하여 제품이나 서비스의 개선과 고도의 신뢰성, 저가격 및 납기일 엄수 등을 촉진하여 고객의 만족을 향상시키는 운동으로, 1962년 미국의 미사일 제작회사인 마틴사에 의해서 시작되었다.
④ CPM(Cost Per Millenium) : 1천명 혹은 1천세대의 수용자에게 도달하는 데 드는 광고요금비율로 광고주가 광고비를 얼마나 효율적으로 사용했는가를 재는 척도이다.

Answer⌐ 23.① 24.④ 25.③ 26.② 27.②

28 수출국이 수출품에 장려금이나 보조금을 지급하는 경우 수입국이 이에 의한 경쟁력을 싱쇄시키기 위하여 부과하는 누진관세는?

① 금리평형세   ② 상계관세

③ 긴급관세   ④ 내국세

② 보조를 받은 상품은 외국시장에서 유리한 입장에 서게 되며 이러한 사실이 명백할 때 상계관세가 발동하게 된다. 상계관세는 외국의 산업장려정책이나 수출촉진정책에 입각한 부당한 경쟁으로부터 국내 산업을 보호하기 위하여 부과된다.
① 미국이 국제수지의 개선을 도모하기 위하여 외국에의 투자에 대하여 부과하던 세를 말한다.
③ 중요 국내 산업의 긴급한 보호, 특정물품 수입의 긴급한 억제 등의 필요가 있을 때 특정물품의 관세율을 높여서 부과하는 관세이다.
④ 통관절차를 필요로 하지 않고 부과되는 조세를 의미한다.

29 전혀 관련이 없는 이종기업 간의 합병 또는 매수를 통한 기업결합의 형태는?

① 컨글러머레이트   ② 신디케이트

③ 벤처캐피탈   ④ 조인트 벤처

컨글러머레이트(conglomerate)의 특징
㉠ 제2차 세계대전 후 자재원, 제품개발, 생산기술 혹은 마케팅경로와 관계가 없는 제품이나 용역을 생산하는 기업들의 합병이 발생하게 되었는데, 이것이 이종복합적 회사이다.
㉡ 미국에서 컨글러머레이트가 등장한 것은 1950년의 독점금지법의 개정으로 인하여 기업의 수평적 합병 및 수직적 합병이 어려워졌기 때문이다.

30 인플레이션의 진전에 따라 화폐의 실질가치는 그대로 두고, 액면을 동일한 비율의 낮은 수치로 표현하는 조치는?

① 리디노미네이션(redenomination)   ② CRB지수

③ EBO   ④ BIS비율

② CRB(Comodity Reserch Bearau)사가 곡물 원유 산업용원자재 귀금속 등의 21개 주요 상품선물 가격에 동일한 가중치를 적용하여 산출하는 지수로 원자재 가격의 국제기준으로 간주되고 있다.
③ 종업원 매수(Employee Buy Out)로 기존 경영진이 아닌 종업원들이 공동 출자방식으로 회사를 인수하는 방식이다.
④ 국제결제은행(BIS) 기준에 따른 은행의 자기자본비율이다.

31 한 사회 내의 어떤 사람의 희생을 감소시키지 않고서는 다른 사람의 희생을 증가시킬 수 없는 상태를 가리키는 것은?

① 파레토 최적   ② 세이의 법칙

③ 쿠즈네츠의 U자 가설   ④ 그레샴의 법칙

 파레토 최적(pareto optimum) … 자원배분이 가장 효율적으로 이루어진 상태를 파레토 최적이라 한다. 생산의 효율에 있어서는 어떤 한 재화의 생산량을 증가시키려면 다른 재화의 생산량을 감소시키지 않으면 안 되고 교환의 효율에 있어서는 한 소비자의 효용을 증가시키려면 다른 소비자의 효용을 감소시키지 않으면 안 된다.

32 습지의 보호와 지속가능한 이용에 관한 국제 조약으로 공식 명칭은 '물새 서식지로서 특히 국제적으로 중요한 습지에 관한 협약'이다. 이 협약은 무엇인가?

① 람사르협약(Ramsar Convention)

② 워싱턴협약(Washington Convention)

③ 런던협약(London Dumping Convention)

④ 바젤협약(Basel Convention)

 ① 1971년 이란의 람사르에서 18개국이 모여 체결하였다. 우리나라는 101번째로 람사르 협약에 가입하였으며 2008년에 경남 창원에서 당사국 총회인 제10차 람사르 총회를 개회하였다.
② 세계적으로 멸종 위기에 처한 야생 동·식물의 상업적인 국제거래를 규제하고 생태계를 보호하기 위하여 채택된 협약이다.
③ 폐기물이나 다른 물질의 투기를 규제하는 해양오염 방지조약이다.
④ 유해폐기물의 국가 간 이동 및 교역을 규제하는 협약이다.

33 다음 중 G20에 해당하지 않는 국가는?

① 이탈리아   ② 뉴질랜드

③ 사우디아라비아   ④ 남아프리카공화국

 G20 회원국은 미국, 일본, 영국, 프랑스, 독일, 이탈리아, 캐나다, 한국, 러시아, 중국, 인도, 인도네시아, 아르헨티나, 브라질, 멕시코, 호주, 남아프리카공화국, 사우디아라비아, 터키, EU로 구성되어 있다.

Answer → 28.② 29.① 30.① 31.① 32.① 33.②

34 게임이론에 관한 다음 설명 중 옳지 않은 것은?

① 상대방의 행위가 자신의 이익에 영향을 미치는 경우 극대화하는 방법에 관한 이론이다.

② 제2차 세계대전 당시 잠수함 전투에 이 이론을 적용한 후부터는 군사학에서만 적용되어 왔다.

③ 1944년 J. 폰 노이만과 O. 모르겐슈테른의 공저 'Theory of Games and Economic Behavior(게임과 경제행동이론)'에서 이론적 기초가 마련되었다.

④ 상충적이고 경쟁적인 조건에서의 경쟁자 간의 경쟁 상태를 모형화하여 참여자의 행동을 분석함으로써 최적전략을 선택하는 것을 이론화하려는 것이다.

 ② 잠수함 전투에 이용되어 더욱 발전된 게임이론은 군사학뿐만 아니라 국제경제학·경영학·국제정치학·심리학 등 여러 분야에 적용되고 있다.

35 다음 중 중국·러시아·우즈베키스탄·카자흐스탄·키르기스스탄·타지키스탄 등 6개국이 설립한 정부간 기구로 상호신뢰회복과 합동군사훈련, 테러와 분리주의·극단주의 척결, 포괄적 동반자 관계 구축 등의 활동을 하는 것은?

① 태평양 경제 협력체(APEC)

② 경제 협력 개발 기구(OECD)

③ 상하이 협력 기구(SCO)

④ 북대서양 조약 기구(NATO)

상하이협력기구(SCO) … 1996년 중국·러시아·카자흐스탄·키르기스스탄·타지키스탄이 참가한 가운데 상하이에서 열린 5개국 회담에서 처음으로 거론되었다. 이어 2000년에 우즈베키스탄이 합류한 뒤, 2001년 6월 15일 상하이에서 정식으로 출범하였다. 지역간 기구이자 정부간 기구로, 최고의결기구는 해마다 한 번씩 열리는 정상회담이다. 이 회담은 매년 러시아 알파벳 순서에 따라 돌아가면서 개최한다. 의장국은 정상회담 개최국 정상이 맡는다. 산하기구로는 사무국, 역내 테러척결센터와 외무장관협의회 등 4개의 협의회가 있다. 사무국은 베이징(北京), 역내 테러척결센터는 키르기스스탄의 수도 비슈케크에 있다.

36 비핵보유국이 핵보유국에게 전면적으로 핵실험을 하지 말도록 하는 협정은?

① NSA　　　　　　　　　　　　　　② NPT

③ CTBT　　　　　　　　　　　　　　④ FMCT

 포괄적 핵실험 금지조약(CTBT ; Comprehensive Test Ban Treaty) … 1996년 9월 미국 클린턴 정부의 주도로 이루어진 핵무기 확산을 막기 위한 전면적 핵실험 금지조약이다. 대기권을 포함해 수중, 지하 등 어떠한 형태·규모·장소에서도 핵폭발 실험을 금지한다는 것을 규정한 전면적이고 포괄적인 핵실험 금지조약을 나타낸다.

37 다음을 읽고 밑줄 친 곳이 가리키는 곳을 찾으면?

> <u>이곳은</u> 현재 일본이 실효 지배하고 있으나, 중화인민공화국과 중화민국이 각각 영유권을 주장하고 있다. 또 최근에는 이곳의 인근 해역에서 일본 순시선과 중국 어선이 마찰을 있었다. 이 지역에서 가장 큰 섬이 '조어도'라는 돌섬인데 세계적인 규모의 석유와 천연가스가 매장된 것으로 알려지면서 각국이 눈독을 들이고 있다.

① 오키나와　　　　　　　　　　　　② 독도

③ 센카쿠 열도　　　　　　　　　　　④ 쿠릴열도

 센카쿠 열도 … 타이완과 류큐 제도 사이에 동중국해 남서쪽의 무인도와 암초로 이루어진 제도이다. 센카쿠는 일본 이름이고 중국에서는 댜오위다오(釣魚島)군도라고 부르며 영어권에서는 피나클 제도(Pinnacle Islands)라고도 부른다. 일본 제국주의 정부는 1855년 이 일대를 오키나와에 편입했다. 그 후 일본 정부는 국제법상 주인 없는 땅을 선점한 것으로 아무 문제가 없다고 주장하면서 주위에 해양순시선을 배치해 감시하는 등 실효적 지배를 해오고 있다. 하지만 중국, 대만, 홍콩 측에서는 역사상 명백한 중국 영토를 청(淸)나라가 쇠약한 틈을 타서 훔친 도취(盜取) 행위로 국제 법에 어긋나며 또한 중국 정부도 이 섬들에 대한 영유권 주장을 포기한 적이 없다고 주장하면서 분쟁이 계속되고 있다.

Answer ☞ 34.② 35.③ 36.③ 37.③

38 다음 중 북한의 도메인에 해당하는 것은?

① kp ② kr
③ ko ④ nk

 북한의 공식적인 도메인은 kp이나 DNS에 등록되어 있지 않고 사용되고 있지도 않다.

39 다음 중 DSL에 대한 설명으로 옳지 않은 것은?

① 구리선을 이용하면서도 Mbps급 데이터 전송속도를 제공할 수 있다.
② 한 개의 구리쌍선을 사용하는 대칭형 전송방식은 HDSL이다.
③ 가장 빠른 비대칭형 방식으로 단거리에서 초고속 데이터를 전송하는 방식은 VDSL이다.
④ ADSL은 비대칭형 전송방식이고 송수신 속도가 각각 다르다.

 ② 보기는 SDSL에 대한 설명으로 HDSL은 두 개의 구리쌍선을 사용한다.

40 다음 중 디지털(digital)과 지식계급(literati)의 합성어인 디제라티(digerati)에 대한 설명으로 옳은 것은?

① 아날로그와 디지털을 적절하게 결합해 디지털적인 삶을 제어하는 성향을 지닌 사람들이다.
② 탁월한 지적 능력으로 디지털혁명을 주도하는 사람들을 말한다.
③ 디지털 장비를 몸에 갖추고 사는 사람들을 말한다.
④ 디지털을 제대로 활용하는 계층과 그렇지 못한 계층이 정보의 격차로 인해 단절됨을 의미한다.

 ① 아나디지족
③ 디지털 노마드
④ 정보격차(디지털 디바이드)
※ 디제라티(digerati) … 디지털시대의 신지식인, 즉 특정분야의 전문가로 인터넷에서 지식을 사고파는 사람들을 말한다. 아직 이 분야의 시장성이 구체적으로 검증된 단계는 아니지만 디지털혁명이 진행되는 과정에서 새로운 직업군으로 떠오르고 있다.

41 가벼운 중량에 플래시 메모리 또는 하드디스크 드라이브를 장착하고 다양한 콘텐츠 및 응용애플리케이션을 저장해 사용하는 휴대형 멀티미디어플레이어는?

① DMB

② PDA

③ PMP

④ 옴니콤(omnicom)

 ① DMB(디지털멀티미디어방송)는 음성·영상 등 다양한 멀티미디어 신호를 디지털 방식으로 변조, 고정 또는 휴대용·차량용 수신기에 제공하는 방송서비스이다.

② 휴대용 컴퓨터의 일종으로 손으로 쓴 정보를 입력하거나 개인정보관리, 컴퓨터와의 정보교류 등이 가능한 휴대용 개인정보단말기이다.

③ 언제 어디서나 비디오, 음악, 사진 등을 간편하게 즐길 수 있도록 한 개념의 휴대용 멀티미디어 기기이다.

④ 손목에 찰 정도의 단말기 안에 PDA·휴대전화·텔레비전·PC·MP3·카메라 기능은 물론 번역기·비디오칩 등 여러 가지 다양한 기능을 하나로 통합해 일체화한 다기능 개인이동통신기기이다.

42 인터넷 서비스 종류에 대한 설명 중 잘못 연결한 것은?

① FTP : 인터넷에서 파일을 송수신할 때 사용하는 파일 전송 프로토콜

② E – MAIL : Electronic Mail의 준말로 다른 인터넷 사용자들과 편지를 주고받을 수 있는 서비스

③ Telnet : 원거리에 있는 컴퓨터를 온라인으로 연결하여 사용할 수 있는 원격접속서비스

④ Usenet : 인터넷에 연결된 세계의 모든 사용자들이 실시간으로 대화를 할 수 있는 것

 ④ 인터넷채팅(IRC)에 관한 설명이며, Usenet은 네티즌끼리 정보를 나누고 토론하는 게시판을 의미한다.

UCC(User Created Contents)

정보통신 분야가 발달함에 따라 일반인들도 기존의 미디어보다 빠르고 의미있는 정보들을 생산해 내게 되었다. 초기에는 글과 사진 위주의 엔터테인먼트 콘텐츠(Entertainment UCC) 형태였다가 동영상 위주의 정보제공 콘텐츠(Information UCC) 위주로 발전하고 있다. 대표적인 동영상 포털 사이트로는 미국의 유튜브(YouTube)와 한국의 판도라TV·곰TV·아프리카 등이 있다. UCC로 통용되는 한국과 달리 미국에서는 UCC 대신 창작의 개념이 강조된 UGC(User Generated Contents)를 쓰고 있다.

Answer ▸ 38.① 39.② 40.② 41.③ 42.④

43 가상사회에서 자신의 분신을 의미하는 시각적 이미지로 인터넷 채팅, 쇼핑몰, 온라인 게임 등에서 자신을 대신하는 가상육체로 각광받고 있는 이것은?

① VOD(Video On Demand)　　　　② 코덱(Codec)

③ 아바타(Avatar)　　　　　　　④ 클립 아트(clip art)

 ① 통신망으로 연결된 컴퓨터 또는 텔레비전을 통해 사용자가 원하는 프로그램을 원하는 시간에 받아볼 수 있는 영상 서비스이다.
② 음성 또는 영상의 신호를 디지털 신호로 변환하는 코더와 그 반대로 변환시켜 주는 디코더의 기능을 함께 갖춘 기술이다.
④ 컴퓨터로 문서를 만들 때 편리하게 이용할 수 있도록 모아 놓은 여러 가지 조각 그림

44 다음 중 클로즈드 숍에 반대인 제도는 무엇인가?

① 오픈 숍　　　　　　　　　② 유니언 숍

③ 노동기사단　　　　　　　　④ NATO

 오픈 숍 … 조합에 가입한 지의 여부와 관계없이 고용이나 해고에 차별대우를 하지 않는 것으로서 클로즈드 숍과는 반대인 제도이다.

45 우리나라의 대덕연구단지를 대표적 사례로 들 수 있는데, 연관이 있는 산업의 기업과 기관들이 한 곳에 모여 시너지 효과를 도모하는 산업집적단지를 무엇이라고 하는가?

① 산업순환　　　　　　　　　② 클러스터

③ 특화계수　　　　　　　　　④ 산업사회

 ① 산업의 주기적 순환이다.
③ 한 나라의 산업구조의 특화 정도를 나타내는 지표이다.
④ 산업적 측면에서 본 사회유형이다.

46 다음 중 해양오염을 방지하기 위해 국제적으로 체결한 협약은?

① 런던협약

② 바젤협약

③ 생물다양성 보존협약

④ 람사협약

 ① 런던덤핑협약(The London Dumping Convention)은 1972년 해양 투기를 규제하기 위하여 체결한 협약이다.
② 바젤협약 : 유해폐기물의 국가 간 이동 및 처리에 관한 국제협약
③ 생물다양성 보존협약 : 생물종의 멸종위기를 극복하기 위해서 체결된 국제협약
④ 람사협약 : 습지와 습지의 자원을 보전하기 위한 국제 환경 협약

47 사이코패스에 관련한 설명 중 옳지 않은 것은?

① 1920년대 독일학자 슈나이더에 의해 처음 소개된 것으로, 성격 탓으로 인해 타인이나 자기가 속한 사회를 괴롭히는 정신병질을 뜻한다.

② 연쇄살일범의 90% 이상이 사이코패스일 가능성이 많으며, 한국의 유영철 뿐만 아니라, 미국 연쇄살인범 BTK, 230명이라는 엄청난 숫자의 연쇄살인을 저지른 영국의 쉽먼 등이 대표적이다.

③ 사이코패스는 연쇄살인범과 같은 범죄자에게 국한되는 개념이다.

④ 사이코패스는 나쁜 짓에 대한 후회가 없으며 감정적으로 냉담하고 무관심하다.

 ③ 사이코패스는 연쇄살인범과 같은 범죄자에게 국한되는 개념이 아니다. 니시무라 박사는 사이코패스를 일컬어 '정장차림의 뱀'이라고 말했는데, 이것은 일상 속에서 얼마든지 만날 수 있는 평범한 사람이라는 뜻이다.

Answer⟶ 43.③ 44.① 45.② 46.① 47.③

48 다음 중 새집증후군 원인 물질이 아닌 것은?

① 포름알데히드
② 붕산염
③ 염화메틸렌
④ 암모니아 가스

 새집증후군 원인 물질
　ⓐ **벽지, 장판**(포름알데히드) : 피부질환, 점막자극, 중추신경장애, 호흡기장애, 각종 암 유발
　ⓑ **원목바닥**(방부제의 붕산염) : 눈자극, 생식능력 저하
　ⓒ **가구**(접착제, 방부제의 포름알데히드) : 눈자극, 의욕저하, 현기증, 두통, 불면증, 천식
　ⓓ **소파**(방부제, 염화메틸렌) : 호흡기 질환, 피부자극
　ⓔ **카펫** : 곰팡이

49 다음 빈소 조문 시의 매너에 관한 사항 중 가장 옳지 않은 것을 고르면?

① 영정 앞에서 절을 할 시에 남자는 왼손이 위로 가게하고, 여자는 오른손이 위로 가게 해야 한다.
② 빈소에서 상주에게 간략한 위로의 말은 좋지만, 아무 말도 하지 않는 것이 기본 예의라 할 수 있다.
③ 향로에 향을 꽂은 후에 영정을 향해서 묵념을 한 후 절을 두 번 한다.
④ 영정 앞에서 물러 나와서 상주와의 맞절 시에 그 횟수는 한번이다.

 영정 앞에서 절을 할 시에 남자는 오른손이 위로 가게하고, 여자는 왼손이 위로 가게 해야 한다. 참고로 평상시에 절을 할 때 남자는 왼손이 위로 가게하고, 여자는 오른손이 위로 가지만, 빈소 방문 시에는 남, 녀의 손 위치는 반대가 된다.

50 다음은 직장 내 예절에 관한 내용 중 퇴근할 시에 관한 설명이다. 가장 적절하지 않은 행동은?

① 사용했던 책상 위는 깨끗이 정리하며 비품, 서류 등을 지정된 장소에 두어야 한다.

② 다른 직원들보다 먼저 퇴근할 시에는 잔업을 하고 있는 사람에게 방해가 될 수 있으므로 조용히 사무실을 빠져나가야 한다.

③ 가장 마지막에 퇴근하는 사람의 경우에는 사무실 내의 컴퓨터 및 전등의 전원을 확인하고 문단속을 잊지 말아야 한다.

④ 상사보다 먼저 퇴근하게 될 경우에는 "지시하실 업무는 없으십니까? 없다면 먼저 퇴근 하겠습니다."라고 인사를 해야 한다.

 타 직원들보다 먼저 퇴근을 할 경우에는 잔무처리를 하는 사람들에게 "먼저 들어가 보겠습니다."라고 인사를 건네야 한다.

※ 퇴근 시의 직장예절
　㉠ 상사, 선배 및 동료는 물론이거니와 후배 등에게도 인사를 잊지 않도록 한다.
　㉡ 업무상의 보안을 위해서 책상 서랍, 캐비닛 등에 대한 잠금 장치를 해야 한다.
　㉢ 상사보다 먼저 퇴근하는 경우에는 "이제 용무는 없습니까? 없다면 퇴근 하겠습니다."라고 정중하게 인사를 한다.
　㉣ 책상 위는 깨끗하게 정리하고 사무용품, 비품, 서류 등을 지정되어진 장소에 두도록 한다.
　㉤ 다른 사람들보다 먼저 퇴근할 때에는 잔무를 처리를 하고 있는 사람에게 "먼저 가겠습니다."라고 인사를 건넨다.
　㉥ 가장 늦게 퇴근하는 사람은 전등과 컴퓨터 등의 전원을 점검 및 확인하고 창문 및 사무실의 문단속을 잊지 않아야 한다.

Answer→ 48.④ 49.① 50.②

08 범주화능력

┃1~4┃ 각 문제에 체크된 번호를 참고하여 다음에 주어진 문장이나 단어를 공통적인 범주로 묶으시오.

---

① 8월의 크리스마스
② 살인의 추억
③ 타짜
④ 접속
⑤ 도둑들
⑥ 엽기적인 그녀
⑦ 택시운전사
⑧ 사도
⑨ 암살
⑩ 쉬리

---

1   ❶②③④⑤⑥⑦⑧⑨⑩

 한석규가 주연인 영화
① 8월의 크리스마스
④ 접속
⑩ 쉬리

2 ①②❸④⑤⑥⑦⑧⑨⑩

 최동훈 감독의 작품
③ 타짜
⑤ 도둑들
⑨ 암살

3 ①❷③④⑤⑥⑦⑧⑨⑩

 송강호가 주연인 영화
② 살인의 추억
⑦ 택시운전사
⑧ 사도

4 ①②③④⑤❻⑦⑧⑨⑩

 전지현이 주연인 영화
⑥ 엽기적인 그녀
⑤ 도둑들
⑨ 암살

Answer ↱ 1.④⑩ 2.⑤⑨ 3.⑦⑧ 4.⑤⑨

| 5~7 | 각 문제에 체크된 번호를 참고하여 다음에 주어진 문장이나 단어를 공통적인 범주로 묶으시오.

① 골키퍼가 펀칭한 공이 골라인 밖으로 나갑니다. 코너킥 찬스가 이어집니다.
② 네트 가까이에서 헤어핀, 득점 성공합니다.
③ 정확히 맞힌 타구가 좌중간을 가릅니다.
④ 카메라 판독 결과 셔틀콕이 라인을 맞고 튀겨져 나는 것이 포착되었습니다.
⑤ 스트라이커에게 정확하게 패스, 골로 이어집니다.
⑥ 파랑 팀의 서비스 기회입니다. 셔틀콕이 네트를 넘지 못합니다.
⑦ 투수가 빠르게 1루수를 견제합니다.
⑧ 방금 심판이 오프사이드를 선언했습니다.
⑨ 몸 쪽으로 꽉 찬 스트라이크, 삼진 아웃입니다.
⑩ 공격수가 빠른 속도로 드리블 해 나갑니다. 골키퍼와 일대일 상황입니다.

5   ❶②③④⑤⑥⑦⑧⑨⑩

 축구 경기에 대한 해설이다.
① 골키퍼가 펀칭한 공이 골라인 밖으로 나갑니다. 코너킥 찬스가 이어집니다.
⑤ 스트라이커에게 정확하게 패스, 골로 이어집니다.
⑧ 방금 심판이 오프사이드를 선언했습니다.
⑩ 공격수가 빠른 속도로 드리블 해 나갑니다. 골키퍼와 일대일 상황입니다.

6   ①❷③④⑤⑥⑦⑧⑨⑩

 배드민턴 경기에 대한 해설이다.
② 네트 가까이에서 헤어핀, 득점 성공합니다.
④ 카메라 판독 결과 셔틀콕이 라인을 맞고 튀겨져 나는 것이 포착되었습니다.
⑥ 파랑 팀의 서비스 기회입니다. 셔틀콕이 네트를 넘지 못합니다.

7   ①②❸④⑤⑥⑦⑧⑨⑩

 야구 경기에 대한 해설이다.
③ 정확히 맞힌 타구가 좌중간을 가릅니다.
⑦ 투수가 빠르게 1루수를 견제합니다.
⑨ 몸 쪽으로 꽉 찬 스트라이크, 삼진 아웃입니다.

▌8~10 ▌ 각 문제에 체크된 번호를 참고하여 다음에 주어진 문장이나 단어를 공통적인 범주로 묶으시오.

---

① 설날
② 현충일
③ 부처님 오신 날
④ 한글날
⑤ 크리스마스
⑥ 추석
⑦ 개천절
⑧ 어린이날
⑨ 광복절
⑩ 식목일

---

8   ❶②③④⑤⑥⑦⑧⑨⑩

 명절 공휴일
① 설날
⑥ 추석

9   ①②③❹⑤⑥⑦⑧⑨⑩

 국경일
④ 한글날
⑦ 개천절
⑨ 광복절

10 ①②❸④⑤⑥⑦⑧⑨⑩

 종교적 의미의 법정공휴일
③ 부처님 오신 날
⑤ 크리스마스

Answer↱ 5.⑤⑧⑩ 6.④⑥ 7.⑦⑨ 8.⑥ 9.⑦⑨ 10.⑤

┃11~13┃ 각 문제에 체크된 번호를 참고하여 다음에 주어진 문장이나 단어를 공통적인 범주로 묶으시오.

---

① 젠장맞을 것! 이 비를 맞으며 빈 인력거를 털털거리고 돌아를 간담.
② 그럼 넌 아버지의 라이터를 훔쳐 석대에게 바치겠단 말이니?
③ 너 봄감자가 맛있단다.
④ 설렁탕을 사다 놓았는데 왜 먹지를 못하니?
⑤ 시험마다 그 과목도 바꾸고 대신 이름을 써낼 아이도 바꿔.
⑥ 이놈아! 너 왜 남의 닭을 때려죽이니!
⑦ 점순아! 점순아! 이년이 바느질을 하다 말구 어딜 갔어?
⑧ 괴상하게도 오늘은 운수가 좋더니만.
⑨ 엄석대 너는 어째 시험을 잘 치면서 시간 중에는 그게 뭐야? 영 알 수 없는 놈이잖아.
⑩ 이제부터는 너희들끼리 의논해서 다른 그 어떤 반보다 훌륭한 반을 만들어 봐라.

---

11 ❶②③④⑤⑥⑦⑧⑨⑩

 현진건의 소설 '운수 좋은 날'의 대사
① 젠장맞을 것! 이 비를 맞으며 빈 인력거를 털털거리고 돌아를 간담.
④ 설렁탕을 사다 놓았는데 왜 먹지를 못하니?
⑧ 괴상하게도 오늘은 운수가 좋더니만.

12 ①❷③④⑤⑥⑦⑧⑨⑩

 이문열의 소설 '우리들의 일그러진 영웅'의 대사
② 그럼 넌 아버지의 라이터를 훔쳐 석대에게 바치겠단 말이니?
⑤ 시험마다 그 과목도 바꾸고 대신 이름을 써낼 아이도 바꿔.
⑨ 엄석대 너는 어째 시험을 잘 치면서 시간 중에는 그게 뭐야? 영 알 수 없는 놈이잖아.
⑩ 이제부터는 너희들끼리 의논해서 다른 그 어떤 반보다 훌륭한 반을 만들어 봐라.

13 ①②❸④⑤⑥⑦⑧⑨⑩

 김유정의 소설 '동백꽃'의 대사
③ 너 봄감자가 맛있단다.
⑥ 이놈아! 너 왜 남의 닭을 때려죽이니!
⑦ 점순아! 점순아! 이년이 바느질을 하다 말구 어딜 갔어?

▌14~16▐ 각 문제에 체크된 번호를 참고하여 다음에 주어진 문장이나 단어를 공통적인 범주로 묶으시오.

---

① 이번에는 그가 양보해야 한다는 견해가 우세하다.
② 제 딴엔 심지를 아금받게 다잡아먹고 있었습니다.
③ 이 식당의 종업원은 위생에 대한 관념이 철저하지 못하다.
④ 이번 안건에 대하여 각자의 소견을 말해 주십시오.
⑤ 한 모금의 우유를 마시고 한 조각의 도넛을 씹었다.
⑥ 그는 뜻을 세우고 공부를 지며리 했다.
⑦ 노동법의 개정을 둘러싸고 노사 간의 의견 대립이 첨예하였다.
⑧ 여름에는 카페에서 먹는 빙수가 제일 맛있어.
⑨ 그 아이는 독자로 두남받고 자라 버릇이 없다.
⑩ 이번 여름은 너무 더워 러닝 셔츠가 다 젖었어.

---

14 ①②③④❺⑥⑦⑧⑨⑩

 외래어를 사용한 문장
⑤ 한 모금의 우유를 마시고 한 조각의 <u>도넛</u>을 씹었다.
⑧ 여름에는 <u>카페</u>에서 먹는 빙수가 제일 맛있어.
⑩ 이번 여름은 너무 더워 <u>러닝 셔츠</u>가 다 젖었어.

Answer⟶ 11.④⑧ 12.⑤⑨⑩ 13.⑥⑦ 14.⑧⑩

15 ①❷③④⑤⑥⑦⑧⑨⑩

 Tip 순우리말을 사용한 문장
② 제 딴엔 심지를 <u>아금받게</u> 다잡아먹고 있었습니다.
⑥ 그는 뜻을 세우고 공부를 <u>지며리</u> 했다.
⑨ 그 아이는 독자로 <u>두남받고</u> 자라 버릇이 없다.

16 ❶②③④⑤⑥⑦⑧⑨⑩

 Tip 유의어를 사용한 문장(견해≒관념≒소견≒의견)
① 이번에는 그가 양보해야 한다는 <u>견해</u>가 우세하다.
③ 이 식당의 종업원은 위생에 대한 <u>관념</u>이 철저하지 못하다.
④ 이번 안건에 대하여 각자의 <u>소견</u>을 말해 주십시오.
⑦ 노동법의 개정을 둘러싸고 노사 간의 <u>의견</u> 대립이 첨예하였다.

▌17~19▌ 각 문제에 체크된 번호를 참고하여 다음에 주어진 문장이나 단어를 공통적인 범주로 묶으시오.

---

① 만시지탄(晚時之歎)
② 인과응보(因果應報)
③ 망양보뢰(亡羊補牢)
④ 구우일모(九牛一毛)
⑤ 조족지혈(鳥足之血)
⑥ 자업자득(自業自得)
⑦ 십일지국(十日之菊)
⑧ 창해일속(滄海一粟)
⑨ 종두득두(種豆得豆)
⑩ 어부지리(漁父之利)

---

17 ①❷③④⑤⑥⑦⑧⑨⑩

 '원인에 따른 결과'를 의미하는 한자성어
② 인과응보(因果應報) : 원인(原因)과 결과(結果)는 서로 물고 물림
⑥ 자업자득(自業自得) : 자기가 저지른 일의 결과를 자기가 받음
⑨ 종두득두(種豆得豆) : 원인에 따라 결과가 생김

18 ❶②③④⑤⑥⑦⑧⑨⑩

 '후회해도 소용없음'을 의미하는 한자성어
① 만시지탄(晚時之歎) : 시기에 늦어 기회를 놓쳤음을 안타까워하는 탄식
③ 망양보뢰(亡羊補牢) : 이미 어떤 일을 실패한 뒤에 뉘우쳐도 아무 소용이 없음
⑦ 십일지국(十日之菊) : 이미 때가 늦은 일을 비유적으로 이르는 말

19 ①②③❹⑤⑥⑦⑧⑨⑩

 '매우 적은 양'을 의미하는 한자성어
④ 구우일모(九牛一毛) : 매우 많은 것 가운데 극히 적은 수를 이르는 말
⑤ 조족지혈(鳥足之血) : 매우 적은 분량을 비유적으로 이르는 말
⑧ 창해일속(滄海一粟) : 아주 많은 것 가운데 있는 매우 하찮고 작은 것을 이르는 말

Answer → 15.⑥⑨ 16.③④⑦ 17.⑥⑨ 18.③⑦ 19.⑤⑧

┃20~22┃ 각 문제에 체크된 번호를 참고하여 다음에 주어진 문장이나 단어를 공통적인 범주로 묶으시오.

---

① 크로키는 디자인의 최초의 구상을 생각나는 대로 그리는 것을 말해.
② 체조는 순발력이 생명이야.
③ 픽스로 만들어질 부분을 예상해서 스케치한다.
④ 바흐와 헨델이 음악의 아버지와 어머니가 된 이유는?
⑤ 수묵화에는 흑과 백으로 보는 여백의 미가 자리한다.
⑥ 육상의 꽃은 100m 달리기라고!
⑦ 이번 앨범은 피아노 반주가 결합되었어.
⑧ 민속 음악, 즉 각 나라의 오랜 정서가 반영된 고유 선율이 트렌드가 되고 있다.
⑨ 김수영 선수는 이번 대회에서 한국 접영 신기록을 달성했어.
⑩ 라켓을 사용하는 운동은 속도가 중요해.

---

20 ①❷③④⑤⑥⑦⑧⑨⑩

 Tip 체육과 관련된 문장
② 체조는 순발력이 생명이야.
⑥ 육상의 꽃은 100m 달리기라고!
⑨ 김수영 선수는 이번 대회에서 한국 접영 신기록을 달성했어.
⑩ 라켓을 사용하는 운동은 속도가 중요해.

21 ①②③❹⑤⑥⑦⑧⑨⑩

 Tip 음악과 관련된 문장
④ 바흐와 헨델이 음악의 아버지와 어머니가 된 이유는?
⑦ 이번 앨범은 피아노 반주가 결합되었어.
⑧ 민속 음악, 즉 각 나라의 오랜 정서가 반영된 고유 선율이 트렌드가 되고 있다.

22 ❶②③④⑤⑥⑦⑧⑨⑩

 Tip 미술과 관련된 문장
① 크로키는 디자인의 최초의 구상을 생각나는 대로 그리는 것을 말해.
③ 픽스로 만들어질 부분을 예상해서 스케치한다.
⑤ 수묵화에는 흑과 백으로 보는 여백의 미가 자리한다.

▌23~25 ▌ 각 문제에 체크된 번호를 참고하여 다음에 주어진 문장이나 단어를 공통적인 범주로 묶으시오.

---

① 상대등
② 진대법
③ 남부여
④ 황룡사 9층 목탑
⑤ 미천왕
⑥ 22담로
⑦ 흑치상지
⑧ 제가회의
⑨ 이차돈의 순교
⑩ 2성 6부제

---

23 ❶②③④⑤⑥⑦⑧⑨⑩

 신라와 관련된 내용
① 상대등 : 귀족 세력을 대표하는 신라의 최고 관직
④ 황룡사 9층 목탑 : 선덕 여왕 때 자장 대사의 건의로 세운 목탑
⑨ 이차돈의 순교 : 신라의 이차돈이 불교 공인을 위하여 순교한 일

24 ①②③④⑤⑥❼⑧⑨⑩

 백제와 관련된 내용
⑦ 흑치상지 : 나당연합군에 의해 백제가 멸망하자, 백제부흥운동을 이끈 백제의 장군
③ 남부여 : 백제 성왕 16년부터 멸망 때까지의 백제의 국호
⑥ 22담로 : 백제시대의 지방행정구역

Answer ↵ 20.⑥⑨⑩ 21.⑦⑧ 22.③⑤ 23.④⑨ 24.③⑥

25 ①②③④**❺**⑥⑦⑧⑨⑩

 Tip 고구려와 관련된 내용
⑤ 미천왕 : 고구려의 15대 왕
② 진대법 : 고구려에서 실시된 빈민 구제 제도
⑧ 제가회의 : 고구려의 귀족합의제

▌26~28 ▌ 각 문제에 체크된 번호를 참고하여 다음에 주어진 문장이나 단어를 공통적인 범주로 묶으시오.

---

① 문재인대통령을 지지하는 걸 보니 당신은 좌파군.

② 당신은 이 사안에 대해 반대하지 않는 걸 보면 찬성하는 거군요?

③ 허리가 아프신가요? 그렇다면 당신은 무릎도 아프시겠군요.

④ 미친 사람은 정신병원에 수용해야 해. 그런데 요즘 세상에 뇌물 주는 것을 물리치다니, 미치지 않고서야 그럴 수 있어? 그 친구 정신병원에 보내야겠어.

⑤ 저는 봉급 인상을 받아야만 합니다. 현재 봉급으로는 저의 가족을 먹여 살릴 수가 없기 때문입니다.

⑥ 신은 공평하다. 왜냐하면 누군가에게는 공평하고, 다른 누군가에게는 공평하지 않은 것이 아니라, 모두에게 똑같이 불공평하기 때문이다.

⑦ 제 부탁을 거절하다니 당신은 저를 싫어하는군요.

⑧ 죄 없는 많은 생명이 죽어 가고 있습니다. 우리 모두 헌혈에 동참합시다.

⑨ 너는 왜 아침에 운동을 하지 않니? 참 게으르구나.

⑩ 제가 잘못한 것은 알고 있습니다. 하지만 벌 받느라고 집에 늦게 들어가면 부모님께서 걱정하세요.

---

26 ①②③④❺⑥⑦⑧⑨⑩

 동정에 호소하는 오류(타당한 논거를 제시하지 않고 동정이나 연민에 호소)

⑤ 저는 봉급 인상을 받아야만 합니다. 현재 봉급으로는 저의 가족을 먹여 살릴 수가 없기 때문입니다.

⑧ 죄 없는 많은 생명이 죽어 가고 있습니다. 우리 모두 헌혈에 동참합시다.

⑩ 제가 잘못한 것은 알고 있습니다. 하지만 벌 받느라고 집에 늦게 들어가면 부모님께서 걱정하세요.

27 ①②③❹⑤⑥⑦⑧⑨⑩

 은밀한 재정의의 오류(개인이 즉흥적으로 단어의 의미를 변화시켜 생기는 오류)

④ 미친 사람은 정신병원에 수용해야 해. 그런데 요즘 세상에 뇌물 주는 것을 물리치다니, 미치지 않고서야 그럴 수 있어? 그 친구 정신병원에 보내야겠어.

⑥ 신은 공평하다. 왜냐하면 누군가에게는 공평하고, 다른 누군가에게는 공평하지 않은 것이 아니라, 모두에게 똑같이 불공평하기 때문이다.

⑨ 너는 왜 아침에 운동을 하지 않니? 참 게으르구나.

28 ❶②③④⑤⑥⑦⑧⑨⑩

 흑백논리의 오류(오직 양 극단만이 존재한다고 믿는 오류)

① 문재인대통령을 지지하는 걸 보니 당신은 좌파군.

② 당신은 이 사안에 대해 반대하지 않는 걸 보면 찬성하는 거군요?

⑦ 제 부탁을 거절하다니 당신은 저를 싫어하는군요.

Answer➙ 25.②⑧ 26.⑧⑩ 27.⑥⑨ 28.②⑦

▌29~31 ▌ 각 문제에 체크된 번호를 참고하여 다음에 주어진 문장이나 단어를 공통적인 범주로 묶으시오.

---

① 서동요
② 정과정
③ 처용가
④ 청구영언
⑤ 청산별곡
⑥ 제망매가
⑦ 해동가요
⑧ 가곡원류
⑨ 사모곡
⑩ 어우야담

---

29 ①②❸④⑤⑥⑦⑧⑨⑩

　향가(향찰로 표기된 정형시가)
　③ **처용가** : 신라 헌강왕 때 처용이 지었다는 8구체 향가
　① **서동요** : 한국 최초의 4구체 향가
　⑥ **제망매가** : 신라 경덕왕 때 월명사가 지은 10구체 향가

---

30 ①❷③④⑤⑥⑦⑧⑨⑩

　고려가요(고려시대에 창작된 가요의 총칭)
　② **정과정** : 인종(1122~1146) 때 정서가 지은 노래
　⑤ **청산별곡** : 작자 · 연대 미상의 고려가요
　⑨ **사모곡** : 작자 · 연대 미상의 고려가요

---

31 ①②③❹⑤⑥⑦⑧⑨⑩

 시조(현재까지 이어지는 우리나라 고유의 정형시)
④ **청구영언** : 조선 영조 때 김천택이 편찬한 가집
⑦ **해동가요** : 조선 영조 때 김수장이 편찬한 가집
⑧ **가곡원류** : 조선 고종 때 박효관과 안민영이 편찬한 가집

┃32~34┃ 각 문제에 체크된 번호를 참고하여 다음에 주어진 문장이나 단어를 공통적인 범주로 묶으시오.

① 술이 아무리 독해도 먹지 않으면 취하지 않는다.
② 무쇠도 갈면 바늘 된다.
③ 벽에도 귀가 있다.
④ 부뚜막의 소금도 집어넣어야 짜다.
⑤ 낮말은 새가 듣고 밤말은 쥐가 듣는다.
⑥ 간에 붙었다 쓸개에 붙었다 한다.
⑦ 먹돌도 뚫으면 구멍이 난다.
⑧ 감나무 밑에 누워도 삿갓 미사리를 대어라.
⑨ 가마 속의 콩도 삶아야 먹는다.
⑩ 공교하기는 마디에 옹이라.

32 ①❷③④⑤⑥⑦⑧⑨⑩

 '노력하여 목표를 이룸'을 의미하는 속담
② 무쇠도 갈면 바늘 된다 : 꾸준히 노력하면 어떤 어려운 일이라도 이룰 수 있다는 말
⑦ 먹돌도 뚫으면 구멍이 난다 : 꾸준히 노력하면 마침내는 목적을 이룰 수 있다는 말
⑧ 감나무 밑에 누워도 삿갓 미사리를 대어라 : 자기에게 올 기회나 이익이라도 그것을 놓치지 않으려는 노력이 필요함을 이르는 말

Answer ↪ 29.①⑥ 30.⑤⑨ 31.⑦⑧ 32.⑦⑧

33　❶②③④⑤⑥⑦⑧⑨⑩

 '말보다 행동을 중시함'을 의미하는 속담
① 술이 아무리 독해도 먹지 않으면 취하지 않는다 : 실제로 어떤 일을 하지 않으면 아무 결과도 나타나지 않음을 비유적으로 이르는 말
④ 부뚜막의 소금도 집어넣어야 짜다 : 손쉬운 일이라도 힘을 들이어 이용하거나 하지 아니하면 안 됨을 비유적으로 이르는 말
⑨ 가마 속의 콩도 삶아야 먹는다 : 쉬운 일이라도 손을 대어 힘을 들이지 않으면 이익이 되지 않음을 비유적으로 이르는 말

34　①②❸④⑤⑥⑦⑧⑨⑩

 '말조심'을 의미하는 속담
③ 벽에도 귀가 있다 : 비밀은 없기 때문에 경솔히 말하지 말 것을 비유적으로 이르는 말
⑤ 낮말은 새가 듣고 밤말은 쥐가 듣는다 : 아무도 안 듣는 데서라도 말조심해야 한다는 말

▌35~37▐ 각 문제에 체크된 번호를 참고하여 다음에 주어진 문장이나 단어를 공통적인 범주로 묶으시오.

---

① 버닝맨 페스티벌
② 삿포로 눈꽃 축제
③ 뉴욕 셰익스피어 페스티벌
④ 송크란 축제
⑤ 본옴뚝 축제
⑥ 베니스 카니발
⑦ 옥토버 페스티벌
⑧ 청도 맥주 축제
⑨ 노팅힐 축제
⑩ 토마토 축제

---

35 ①②③④⑤**❻**⑦⑧⑨⑩

 유럽의 축제
⑥ 베니스 카니발(이탈리아)
⑦ 옥토버 페스티벌(독일)
⑨ 노팅힐 축제(영국)
⑩ 토마토 축제(스페인)

36 **❶**②③④⑤⑥⑦⑧⑨⑩

 미국의 축제
① 버닝맨 페스티벌(네바다주)
③ 뉴욕 셰익스피어 페스티벌(뉴욕)

37 ①**❷**③④⑤⑥⑦⑧⑨⑩

 아시아의 축제
② 삿포로 눈꽃 축제(일본)
④ 송크란 축제(태국)
⑤ 본옴뚝 축제(캄보디아)
⑧ 청도 맥주 축제(중국)

Answer → 33.④⑨ 34.⑤ 35.⑦⑨⑩ 36.③ 37.④⑤⑧

▮38~40▮ 각 문제에 체크된 번호를 참고하여 다음에 주어진 문장이나 단어를 공통적인 범주로 묶으시오.

> ① 군계일학(群鷄一鶴)
> ② 학수고대(鶴首苦待)
> ③ 토사구팽(兔死狗烹)
> ④ 용호상박(龍虎相搏)
> ⑤ 토사호비(兔死狐悲)
> ⑥ 호가호위(狐假虎威)
> ⑦ 토영삼굴(兔營三窟)
> ⑧ 삼인성호(三人成虎)
> ⑨ 견토지쟁(犬兔之爭)
> ⑩ 양호유환(養虎遺患)

38 ①②③❹⑤⑥⑦⑧⑨⑩

 호랑이와 관련된 사자성어
④ **용호상박(龍虎相搏)** : 용과 범이 서로 싸운다는 뜻으로, 강자끼리 서로 싸움을 이르는 말
⑥ **호가호위(狐假虎威)** : 여우가 호랑이의 위세를 빌려 호기를 부린다는 뜻으로, 남의 권세를 빌려 위세를 부린다는 말
⑧ **삼인성호(三人成虎)** : 세 사람이 짜면 거리에 범이 나왔다는 거짓말도 꾸밀 수 있다는 뜻으로, 근거 없는 말이라도 여러 사람이 말하면 곧이듣게 됨을 이르는 말
⑩ **양호유환(養虎遺患)** : 범을 길러서 화근을 남긴다는 뜻으로, 화근이 될 것을 길러서 후환을 당하게 됨을 이르는 말

39 ①②❸④⑤⑥⑦⑧⑨⑩

 토끼와 관련된 사자성어
- ③ **토사구팽**(兔死狗烹) : 토끼가 죽으면 토끼를 잡던 사냥개도 필요 없게 되어 주인에게 삶아 먹히게 된다는 뜻으로, 필요할 때는 쓰고 필요 없을 때는 야박하게 버리는 경우를 이르는 말
- ⑤ **토사호비**(兔死狐悲) : 토끼가 죽으니 여우가 슬퍼한다는 뜻으로, 같은 무리의 불행을 슬퍼함을 이르는 말
- ⑦ **토영삼굴**(兔營三窟) : 토끼가 위기에서 벗어나기 위하여 세 개의 굴을 파 놓아둔다는 뜻으로, 자신의 안전을 위하여 미리 몇 가지 대비책을 짜 놓음을 이르는 말
- ⑨ **견토지쟁**(犬兔之爭) : 개와 토끼의 다툼이라는 뜻으로, 두 사람의 싸움에 제삼자가 이익을 봄을 이르는 말

40 ❶②③④⑤⑥⑦⑧⑨⑩

 학과 관련된 사자성어
- ① **군계일학**(群鷄一鶴) : 닭의 무리 가운데에서 한 마리의 학이란 뜻으로, 많은 사람 가운데서 뛰어난 인물을 이르는 말
- ② **학수고대**(鶴首苦待) : 학의 목처럼 목을 길게 빼고 간절히 기다림

Answer ➟ 38.⑥⑧⑩ 39.⑤⑦⑨ 40.②

PART

III

면접

01 면접의 기본

1 면접준비

(1) 면접의 기본 원칙

① **면접의 의미** … 면접이란 다양한 면접기법을 활용하여 지원한 직무에 필요한 능력을 지원자가 보유하고 있는지를 확인하는 절차라고 할 수 있다. 즉, 지원자의 입장에서는 채용직무수행에 필요한 요건들과 관련하여 자신의 환경, 경험, 관심사, 성취 등에 대해 기업에 직접 어필할 수 있는 기회를 제공받는 것이며, 기업의 입장에서는 서류전형만으로 알수 없는 지원자에 대한 정보를 직접적으로 수집하고 평가하는 것이다.

② **면접의 특징** … 면접은 기업의 입장에서 서류전형이나 필기전형에서 드러나지 않는 지원자의 능력이나 성향을 볼 수 있는 기회로, 면대면으로 이루어지며 즉흥적인 질문들이 포함될 수 있기 때문에 지원자가 완벽하게 준비하기 어려운 부분이 있다. 하지만 지원자 입장에서도 서류전형이나 필기전형에서 모두 보여주지 못한 자신의 능력 등을 기업의 인사담당자에게 어필할 수 있는 추가적인 기회가 될 수도 있다.

[서류 · 필기전형과 차별화되는 면접의 특징]

- 직무수행과 관련된 다양한 지원자 행동에 대한 관찰이 가능하다.
- 면접관이 알고자 하는 정보를 심층적으로 파악할 수 있다.
- 서류상의 미비한 사항과 의심스러운 부분을 확인할 수 있다.
- 커뮤니케이션 능력, 대인관계 능력 등 행동 · 언어적 정보도 얻을 수 있다.

③ **면접의 유형**
   ⊙ **구조화 면접**: 구조화 면접은 사전에 계획을 세워 질문의 내용과 방법, 지원자의 답변 유형에 따른 추가 질문과 그에 대한 평가 역량이 정해져 있는 면접 방식으로 표준화 면접이라고도 한다.
     • 표준화된 질문이나 평가요소가 면접 전 확정되며, 지원자는 편성된 조나 면접관에 영향을 받지 않고 동일한 질문과 시간을 부여받을 수 있다.

- 조직 또는 직무별로 주요하게 도출된 역량을 기반으로 평가요소가 구성되어, 조직 또는 직무에서 필요한 역량을 가진 지원자를 선발할 수 있다.
- 표준화된 형식을 사용하는 특성 때문에 비구조화 면접에 비해 신뢰성과 타당성, 객관성이 높다.

ⓛ 비구조화 면접 : 비구조화 면접은 면접 계획을 세울 때 면접 목적만을 명시하고 내용이나 방법은 면접관에게 전적으로 일임하는 방식으로 비표준화 면접이라고도 한다.
- 표준화된 질문이나 평가요소 없이 면접이 진행되며, 편성된 조나 면접관에 따라 지원자에게 주어지는 질문이나 시간이 다르다.
- 면접관의 주관적인 판단에 따라 평가가 이루어져 평가 오류가 빈번히 일어난다.
- 상황 대처나 언변이 뛰어난 지원자에게 유리한 면접이 될 수 있다.

④ 경쟁력 있는 면접 요령

㉠ 면접 전에 준비하고 유념할 사항
- 예상 질문과 답변을 미리 작성한다.
- 작성한 내용을 문장으로 외우지 않고 키워드로 기억한다.
- 지원한 회사의 최근 기사를 검색하여 기억한다.
- 지원한 회사가 속한 산업군의 최근 기사를 검색하여 기억한다.
- 면접 전 1주일간 이슈가 되는 뉴스를 기억하고 자신의 생각을 반영하여 정리한다.
- 찬반토론에 대비한 주제를 목록으로 정리하여 자신의 논리를 내세운 예상답변을 작성한다.

㉡ 면접장에서 유념할 사항
- 질문의 의도 파악 : 답변을 할 때에는 질문 의도를 파악하고 그에 충실한 답변이 될 수 있도록 질문사항을 유념해야 한다. 많은 지원자가 하는 실수 중 하나로 답변을 하는 도중 자기 말에 심취되어 질문의 의도와 다른 답변을 하거나 자신이 알고 있는 지식만을 나열하는 경우가 있는데, 이럴 경우 의사소통능력이 부족한 사람으로 인식될 수 있으므로 주의하도록 한다.
- 답변은 두괄식 : 답변을 할 때에는 두괄식으로 결론을 먼저 말하고 그 이유를 설명하는 것이 좋다. 미괄식으로 답변을 할 경우 용두사미의 답변이 될 가능성이 높으며, 결론을 이끌어 내는 과정에서 논리성이 결여될 우려가 있다. 또한 면접관이 결론을 듣기 전에 말을 끊고 다른 질문을 추가하는 예상치 못한 상황이 발생될 수 있으므로 답변은 자신이 전달하고자 하는 바를 먼저 밝히고 그에 대한 설명을 하는 것이 좋다.

- 지원한 회사의 기업정신과 인재상을 기억 : 답변을 할 때에는 회사가 원하는 인재라는 인상을 심어주기 위해 지원한 회사의 기업정신과 인재상 등을 염두에 두고 답변을 하는 것이 좋다. 모든 회사에 해당되는 두루뭉술한 답변보다는 지원한 회사에 맞는 맞춤형 답변을 하는 것이 좋다.
- 나보다는 회사와 사회적 관점에서 답변 : 답변을 할 때에는 자기중심적인 관점을 피하고 좀 더 넓은 시각으로 회사와 국가, 사회적 입장까지 고려하는 인재임을 어필하는 것이 좋다. 자기중심적 시각을 바탕으로 자신의 출세만을 위해 회사에 입사하려는 인상을 심어줄 경우 면접에서 불이익을 받을 가능성이 높다.
- 난처한 질문은 정직한 답변 : 난처한 질문에 답변을 해야 할 때에는 피하기보다는 정면 돌파로 정직하고 솔직하게 답변하는 것이 좋다. 난처한 부분을 감추고 드러내지 않으려 회피하려는 지원자의 모습은 인사담당자에게 입사 후에도 비슷한 상황에 처했을 때 회피할 수도 있다는 우려를 심어줄 수 있다. 따라서 직장생활에 있어 중요한 덕목 중 하나인 정직을 바탕으로 솔직하게 답변을 하도록 한다.

(2) 면접의 종류 및 준비 전략

① 인성면접

ⓒ 면접 방식 및 판단기준

- 면접 방식 : 인성면접은 면접관이 가지고 있는 개인적 면접 노하우나 관심사에 의해 질문을 실시한다. 주로 입사지원서나 자기소개서의 내용을 토대로 지원동기, 과거의 경험, 미래 포부 등을 이야기하도록 하는 방식이다.
- 판단기준 : 면접관의 개인적 가치관과 경험, 해당 역량의 수준, 경험의 구체성·진실성 등

ⓒ 특징 : 인성면접은 그 방식으로 인해 역량과 무관한 질문들이 많고 지원자에게 주어지는 면접질문, 시간 등이 다를 수 있다. 또한 입사지원서나 자기소개서의 내용을 토대로 하기 때문에 지원자별 질문이 달라질 수 있다.

ⓒ 예시 문항 및 준비전략

• 예시 문항

> • 3분 동안 자기소개를 해 보십시오.
> • 자신의 장점과 단점을 말해 보십시오.
> • 학점이 좋지 않은데 그 이유가 무엇입니까?
> • 최근에 인상 깊게 읽은 책은 무엇입니까?
> • 회사를 선택할 때 중요시하는 것은 무엇입니까?
> • 일과 개인생활 중 어느 쪽을 중시합니까?
> • 10년 후 자신은 어떤 모습일 것이라고 생각합니까?
> • 휴학 기간 동안에는 무엇을 했습니까?

• 준비전략 : 인성면접은 입사지원서나 자기소개서의 내용을 바탕으로 하는 경우가 많으므로 자신이 작성한 입사지원서와 자기소개서의 내용을 충분히 숙지하도록 한다. 또한 최근 사회적으로 이슈가 되고 있는 뉴스에 대한 견해를 묻거나 시사상식 등에 대한 질문을 받을 수 있으므로 이에 대한 대비도 필요하다. 자칫 부담스러워 보이지 않는 질문으로 가볍게 대답하지 않도록 주의하고 모든 질문에 입사 의지를 담아 성실하게 답변하는 것이 중요하다.

② 발표면접

㉠ 면접 방식 및 판단기준

• 면접 방식 : 지원자가 특정 주제와 관련된 자료를 검토하고 그에 대한 자신의 생각을 면접관 앞에서 주어진 시간 동안 발표하고 추가 질의를 받는 방식으로 진행된다.

• 판단기준 : 지원자의 사고력, 논리력, 문제해결력 등

㉡ 특징 : 발표면접은 지원자에게 과제를 부여한 후, 과제를 수행하는 과정과 결과를 관찰·평가한다. 따라서 과제수행 결과뿐 아니라 수행과정에서의 행동을 모두 평가할 수 있다.

ⓒ 예시 문항 및 준비전략

• 예시 문항

[신입사원 조기 이직 문제]

※ 지원자는 아래에 제시된 자료를 검토한 뒤, 신입사원 조기 이직의 원인을 크게 3가지로 정리하고 이에 대한 구체적인 개선안을 도출하여 발표해 주시기 바랍니다.

※ 본 과제에 정해진 정답은 없으나 논리적 근거를 들어 개선안을 작성해 주십시오.

• A기업은 동종업계 유사기업들과 비교해 볼 때, 비교적 높은 재무안정성을 유지하고 있으며 업무강도가 그리 높지 않은 것으로 외부에 알려져 있음.

• 최근 조사결과, 동종업계 유사기업들과 연봉을 비교해 보았을 때 연봉 수준도 그리 나쁘지 않은 편이라는 것이 확인되었음.

• 그러나 지난 3년간 1~2년차 직원들의 이직률이 계속해서 증가하고 있는 추세이며, 경영진 회의에서 최우선 해결과제 중 하나로 거론되었음.

• 이에 따라 인사팀에서 현재 1~2년차 사원들을 대상으로 개선되어야 하는 A기업의 조직문화에 대한 설문조사를 실시한 결과, '상명하복식의 의사소통'이 36.7%로 1위를 차지했음.

• 이러한 설문조사와 함께, 신입사원 조기 이직에 대한 원인을 분석한 결과 파랑새 증후군, 셀프홀릭 증후군, 피터팬 증후군 등 3가지로 분류할 수 있었음.

〈동종업계 유사기업들과의 연봉 비교〉   〈우리 회사 조직문화 중 개선되었으면 하는 것〉

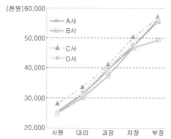
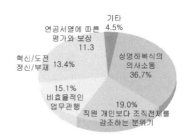

〈신입사원 조기 이직의 원인〉

• 파랑새 증후군
- 현재의 직장보다 더 좋은 직장이 있을 것이라는 막연한 기대감으로 끊임없이 새로운 직장을 탐색함.
- 학력 수준과 맞지 않는 '하향지원', 전공과 적성을 고려하지 않고 일단 취업하고 보자는 '묻지마 지원'이 파랑새 증후군을 초래함.

• 셀프홀릭 증후군
- 본인의 역량에 비해 가치가 낮은 일을 주로 하면서 갈등을 느낌.

• 피터팬 증후군
- 기성세대의 문화를 무조건 수용하기보다는 자유로움과 변화를 추구함.
- 상명하복, 엄격한 규율 등 기성세대가 당연시하는 관행에 거부감을 가지며 직장에 답답함을 느낌.

- 준비전략 : 발표면접의 시작은 과제 안내문과 과제 상황, 과제 자료 등을 정확하게 이해하는 것에서 출발한다. 과제 안내문을 침착하게 읽고 제시된 주제 및 문제와 관련된 상황의 맥락을 파악한 후 과제를 검토한다. 제시된 기사나 그래프 등을 충분히 활용하여 주어진 문제를 해결할 수 있는 해결책이나 대안을 제시하며, 발표를 할 때에는 명확하고 자신 있는 태도로 전달할 수 있도록 한다.

③ 토론면접

　㉠ 면접 방식 및 판단기준

- 면접 방식 : 상호갈등적 요소를 가진 과제 또는 공통의 과제를 해결하는 내용의 토론 과제를 제시하고, 그 과정에서 개인 간의 상호작용 행동을 관찰하는 방식으로 면접이 진행된다.
- 판단기준 : 팀워크, 적극성, 갈등 조정, 의사소통능력, 문제해결능력 등

　㉡ 특징 : 토론을 통해 도출해 낸 최종안의 타당성도 중요하지만, 결론을 도출해 내는 과정에서의 의사소통능력이나 갈등상황에서 의견을 조정하는 능력 등이 중요하게 평가되는 특징이 있다.

　㉢ 예시 문항 및 준비전략

- 예시 문항

> - 군 가산점제 부활에 대한 찬반토론
> - 담뱃값 인상에 대한 찬반토론
> - 비정규직 철폐에 대한 찬반토론
> - 대학의 영어 강의 확대 찬반토론
> - 워크숍 장소 선정을 위한 토론

- 준비전략 : 토론면접은 무엇보다 팀워크와 적극성이 강조된다. 따라서 토론과정에 적극적으로 참여하며 자신의 의사를 분명하게 전달하며, 갈등상황에서 자신의 의견만 내세울 것이 아니라 다른 지원자의 의견을 경청하고 배려하는 모습도 중요하다. 갈등상황을 일목요연하게 정리하여 조정하는 등의 의사소통능력을 발휘하는 것도 좋은 전략이 될 수 있다.

④ 상황면접

　㉠ 면접 방식 및 판단기준

- 면접 방식 : 상황면접은 직무 수행 시 접할 수 있는 상황들을 제시하고, 그러한 상황에서 어떻게 행동할 것인지를 이야기하는 방식으로 진행된다.
- 판단기준 : 해당 상황에 적절한 역량의 구현과 구체적 행동지표

ⓒ 특징 : 실제 직무 수행 시 접할 수 있는 상황들을 제시하므로 입사 이후 지원자의 업무수행능력을 평가하는 데 적절한 면접 방식이다. 또한 지원자의 가치관, 태도, 사고 방식 등의 요소를 통합적으로 평가하는 데 용이하다.

ⓒ 예시 문항 및 준비전략

• 예시 문항

> 당신은 생산관리팀의 팀원으로, 생산팀이 기한에 맞춰 효율적으로 제품을 생산할 수 있도록 관리하는 역할을 맡고 있습니다. 3개월 뒤에 제품A를 정상적으로 출시하기 위해 생산팀의 생산 계획을 수립한 상황입니다. 그러나 원가가 곧 실적으로 이어지는 구매팀에서는 최대한 원가를 줄여 전반적 단가를 낮추려고 원가절감을 위한 제안을 하였으나, 연구개발팀에서는 구매팀이 제안한 방식으로 제품을 생산할 경우 대부분이 구매팀의 실적으로 산정될 것이므로 제대로 확인도 해보지 않은 채 적합하지 않은 방식이라고 판단하고 있습니다. 당신은 어떻게 하겠습니까?

• 준비전략 : 상황면접은 먼저 주어진 상황에서 핵심이 되는 문제가 무엇인지를 파악하는 것에서 시작한다. 주질문과 세부질문을 통하여 질문의 의도를 파악하였다면, 그에 대한 구체적인 행동이나 생각 등에 대해 응답할수록 높은 점수를 얻을 수 있다.

⑤ 역할면접

㉠ 면접 방식 및 판단기준

• 면접 방식 : 역할면접 또는 역할연기 면접은 기업 내 발생 가능한 상황에서 부딪히게 되는 문제와 역할을 가상적으로 설정하여 특정 역할을 맡은 사람과 상호작용하고 문제를 해결해 나가도록 하는 방식으로 진행된다. 역할연기 면접에서는 면접관이 직접 역할연기를 하면서 지원자를 관찰하기도 하지만, 역할연기 수행만 전문적으로 하는 사람을 투입할 수도 있다.

• 판단기준 : 대처능력, 대인관계능력, 의사소통능력 등

㉡ 특징 : 역할면접은 실제 상황과 유사한 가상 상황에서의 행동을 관찰함으로서 지원자의 성격이나 대처 행동 등을 관찰할 수 있다.

㉢ 예시 문항 및 준비전략

• 예시 문항

> [금융권 역할면접의 예]
> 당신은 ○○은행의 신입 텔러이다. 사람이 많은 월말 오전 한 할아버지(면접관 또는 역할담당자)께서 ○○은행을 사칭한 보이스피싱으로 500만 원을 피해 보았다며 소란을 일으키고 있다. 실제 업무상황이라고 생각하고 상황에 대처해 보시오.

• 준비전략 : 역할연기 면접에서 측정하는 역량은 주로 갈등의 원인이 되는 문제를 해결 하고 제시된 해결방안을 상대방에게 설득하는 것이다. 따라서 갈등해결, 문제해결, 조정 · 통합, 설득력과 같은 역량이 중요시된다. 또한 갈등을 해결하기 위해서 상대방에 대한 이해도 필수적인 요소이므로 고객 지향을 염두에 두고 상황에 맞게 대처해야 한다.

역할면접에서는 변별력을 높이기 위해 면접관이 압박적인 분위기를 조성하는 경우가 많기 때문에 스트레스 상황에서 불안해하지 않고 유연하게 대처할 수 있도록 시간과 노력을 들여 충분히 연습하는 것이 좋다.

2 면접 이미지 메이킹

(1) 성공적인 이미지 메이킹 포인트

① 복장 및 스타일

ⓐ 남성

• 양복 : 양복은 단색으로 하며 넥타이나 셔츠로 포인트를 주는 것이 효과적이다. 짙은 회색이나 감청색이 가장 단정하고 품위 있는 인상을 준다.
• 셔츠 : 흰색이 가장 선호되나 자신의 피부색에 맞추는 것이 좋다. 푸른색이나 베이지색은 산뜻한 느낌을 줄 수 있다. 양복과의 배색도 고려하도록 한다.
• 넥타이 : 의상에 포인트를 줄 수 있는 아이템이지만 너무 화려한 것은 피한다. 지원자의 피부색은 물론, 정장과 셔츠의 색을 고려하며, 체격에 따라 넥타이 폭을 조절하는 것이 좋다.
• 구두 & 양말 : 구두는 검정색이나 짙은 갈색이 어느 양복에나 무난하게 어울리며 깔끔하게 닦아 준비한다. 양말은 정장과 동일한 색상이나 검정색을 착용한다.
• 헤어스타일 : 머리스타일은 단정한 느낌을 주는 짧은 헤어스타일이 좋으며 앞머리가 있다면 이마나 눈썹을 가리지 않는 선에서 정리하는 것이 좋다.

ⓛ 여성

- 의상 : 단정한 스커트 투피스 정장이나 슬랙스 슈트가 무난하다. 블랙이나 그레이, 네이비, 브라운 등 차분해 보이는 색상을 선택하는 것이 좋다.
- 소품 : 구두, 핸드백 등은 같은 계열로 코디하는 것이 좋으며 구두는 너무 화려한 디자인이나 굽이 높은 것을 피한다. 스타킹은 의상과 구두에 맞춰 단정한 것으로 선택한다.
- 액세서리 : 액세서리는 너무 크거나 화려한 것은 좋지 않으며 과하게 많이 하는 것도 좋은 인상을 주지 못한다. 착용하지 않거나 작고 깔끔한 디자인으로 포인트를 주는 정도가 적당하다.
- 메이크업 : 화장은 자연스럽고 밝은 이미지를 표현하는 것이 좋으며 진한 색조는 인상이 강해 보일 수 있으므로 피한다.
- 헤어스타일 : 커트나 단발처럼 짧은 머리는 활동적이면서도 단정한 이미지를 줄 수 있도록 정리한다. 긴 머리의 경우 하나로 묶거나 단정한 머리망으로 정리하는 것이 좋으며, 짙은 염색이나 화려한 웨이브는 피한다.

② 인사

ⓐ 인사의 의미 : 인사는 예의범절의 기본이며 상대방의 마음을 여는 기본적인 행동이라고 할 수 있다. 인사는 처음 만나는 면접관에게 호감을 살 수 있는 가장 쉬운 방법이 될 수 있기도 하지만 제대로 예의를 지키지 않으면 지원자의 인성 전반에 대한 평가로 이어질 수 있으므로 각별히 주의해야 한다.

ⓑ 인사의 핵심 포인트

- 인사말 : 인사말을 할 때에는 밝고 친근감 있는 목소리로 하며, 자신의 이름과 수험번호 등을 간략하게 소개한다.
- 시선 : 인사는 상대방의 눈을 보며 하는 것이 중요하며 너무 빤히 쳐다본다는 느낌이 들지 않도록 주의한다.
- 표정 : 인사는 마음에서 우러나오는 존경이나 반가움을 표현하고 예의를 차리는 것이므로 살짝 미소를 지으며 하는 것이 좋다.
- 자세 : 인사를 할 때에는 가볍게 목만 숙인다거나 흐트러진 상태에서 인사를 하지 않도록 주의하며 절도 있고 확실하게 하는 것이 좋다.

③ 시선처리와 표정, 목소리

　㉠ **시선처리와 표정** : 표정은 면접에서 지원자의 첫인상을 결정하는 중요한 요소이다. 얼굴표정은 사람의 감정을 가장 잘 표현할 수 있는 의사소통 도구로 표정 하나로 상대방에게 호감을 주거나, 비호감을 사기도 한다. 호감이 가는 인상의 특징은 부드러운 눈썹, 자연스러운 미간, 적당히 볼록한 광대, 올라간 입 꼬리 등으로 가볍게 미소를 지을 때의 표정과 일치한다. 따라서 면접 중에는 밝은 표정으로 미소를 지어 호감을 형성할 수 있도록 한다. 시선은 면접관과 고르게 맞추되 생기 있는 눈빛을 띄도록 하며, 너무 빤히 쳐다본다는 인상을 주지 않도록 한다.

　㉡ **목소리** : 면접은 주로 면접관과 지원자의 대화로 이루어지므로 목소리가 미치는 영향이 상당하다. 답변을 할 때에는 부드러우면서도 활기차고 생동감 있는 목소리로 하는 것이 면접관에게 호감을 줄 수 있으며 적당한 제스처가 더해진다면 상승효과를 얻을 수 있다. 그러나 적절한 답변을 하였음에도 불구하고 콧소리나 날카로운 목소리, 자신감 없는 작은 목소리는 답변의 신뢰성을 떨어뜨릴 수 있으므로 주의하도록 한다.

④ **자세**

　㉠ **걷는 자세**
- 면접장에 입실할 때에는 상체를 곧게 유지하고 발끝은 평행이 되게 하며 무릎을 스치듯 11자로 걷는다.
- 시선은 정면을 향하고 턱은 가볍게 당기며 어깨나 엉덩이가 흔들리지 않도록 주의한다.
- 발바닥 전체가 닿는 느낌으로 안정감 있게 걸으며 발소리가 나지 않도록 주의한다.
- 보폭은 어깨넓이만큼이 적당하지만, 스커트를 착용했을 경우 보폭을 줄인다.
- 걸을 때도 미소를 유지한다.

　㉡ **서있는 자세**
- 몸 전체를 곧게 펴고 가슴을 자연스럽게 내민 후 등과 어깨에 힘을 주지 않는다.
- 정면을 바라본 상태에서 턱을 약간 당기고 아랫배에 힘을 주어 당기며 바르게 선다.
- 양 무릎과 발뒤꿈치는 붙이고 발끝은 11자 또는 V형을 취한다.
- 남성의 경우 팔을 자연스럽게 내리고 양손을 가볍게 쥐어 바지 옆선에 붙이고, 여성의 경우 공수자세를 유지한다.

© 앉은 자세

• 남성

> • 의자 깊숙이 앉고 등받이와 등 사이에 주먹 1개 정도의 간격을 두며 기대듯 앉지 않도록 주의한다. (남녀 공통 사항)
> • 무릎 사이에 주먹 2개 정도의 간격을 유지하고 발끝은 11자를 취한다.
> • 시선은 정면을 바라보며 턱은 가볍게 당기고 미소를 짓는다. (남녀 공통 사항)
> • 양손은 가볍게 주먹을 쥐고 무릎 위에 올려놓는다.
> • 앉고 일어날 때에는 자세가 흐트러지지 않도록 주의한다. (남녀 공통 사항)

• 여성

> • 스커트를 입었을 경우 왼손으로 뒤쪽 스커트 자락을 누르고 오른손으로 앞쪽 자락을 누르며 의자에 앉는다.
> • 무릎은 붙이고 발끝을 가지런히 하며, 다리를 왼쪽으로 비스듬히 기울이면 여성스러워 보이는 효과가 있다.
> • 양손을 모아 무릎 위에 모아 놓으며 스커트를 입었을 경우 스커트 위를 가볍게 누르듯이 올려놓는다.

(2) 면접 예절

① 행동 관련 예절

ㄱ 지각은 절대금물 : 시간을 지키는 것은 예절의 기본이다. 지각을 할 경우 면접에 응시할 수 없거나, 면접 기회가 주어지더라도 불이익을 받을 가능성이 높아진다. 따라서 면접장소가 결정되면 교통편과 소요시간을 확인하고 가능하다면 사전에 미리 방문해 보는 것도 좋다. 면접 당일에는 서둘러 출발하여 면접 시간 20~30분 전에 도착하여 회사를 둘러보고 환경에 익숙해지는 것도 성공적인 면접을 위한 요령이 될 수 있다.

ㄴ 면접 대기 시간 : 지원자들은 대부분 면접장에서의 행동과 답변 등으로만 평가를 받는다고 생각하지만 그렇지 않다. 면접관이 아닌 면접진행자 역시 대부분 인사실무자이며 면접관이 면접 후 지원자에 대한 평가에 있어 확신을 위해 면접진행자의 의견을 구한다면 면접진행자의 의견이 당락에 영향을 줄 수 있다. 따라서 면접 대기 시간에도 행동과 말을 조심해야 하며, 면접을 마치고 돌아가는 순간까지도 긴장을 늦춰서는 안 된다. 면접 중 압박적인 질문에 답변을 잘 했지만, 면접장을 나와 흐트러진 모습을 보이거나 욕설을 한다면 면접 탈락의 요인이 될 수 있으므로 주의해야 한다.

ⓒ 입실 후 태도 : 본인의 차례가 되어 호명되면 또렷하게 대답하고 들어간다. 만약 면접장 문이 닫혀 있다면 상대에게 소리가 들릴 수 있을 정도로 노크를 두세 번 한 후 대답을 듣고 나서 들어가야 한다. 문을 여닫을 때에는 소리가 나지 않게 조용히 하며 공손한 자세로 인사한 후 성명과 수험번호를 말하고 면접관의 지시에 따라 자리에 앉는다. 이 경우 착석하라는 말이 없는데 먼저 의자에 앉으면 무례한 사람으로 보일 수 있으므로 주의한다. 의자에 앉을 때에는 끝에 앉지 말고 무릎 위에 양손을 가지런히 얹는 것이 예절이라고 할 수 있다.

ⓔ 옷매무새를 자주 고치지 마라. : 일부 지원자의 경우 옷매무새 또는 헤어스타일을 자주 고치거나 확인하기도 하는데 이러한 모습은 과도하게 긴장한 것 같아 보이거나 면접에 집중하지 못하는 것으로 보일 수 있다. 남성 지원자의 경우 넥타이를 자꾸 고쳐 맨다거나 정장 상의 끝을 너무 자주 만지작거리지 않는다. 여성 지원자는 머리를 계속 쓸어 올리지 않고, 특히 짧은 치마를 입고서 신경이 쓰여 치마를 끌어 내리는 행동은 좋지 않다.

ⓜ 다리를 떨거나 산만한 시선은 면접 탈락의 지름길 : 자신도 모르게 다리를 떨거나 손가락을 만지는 등의 행동을 하는 지원자가 있는데, 이는 면접관의 주의를 끌 뿐만 아니라 불안하고 산만한 사람이라는 느낌을 주게 된다. 따라서 가능한 한 바른 자세로 앉아 있는 것이 좋다. 또한 면접관과 시선을 맞추지 못하고 여기저기 둘러보는 듯한 산만한 시선은 지원자가 거짓말을 하고 있다고 여겨지거나 신뢰할 수 없는 사람이라고 생각될 수 있다.

② 답변 관련 예절

ⓐ 면접관이나 다른 지원자와 가치 논쟁을 하지 않는다. : 질문을 받고 답변하는 과정에서 면접관 또는 다른 지원자의 의견과 다른 의견이 있을 수 있다. 특히 평소 지원자가 관심이 많은 문제이거나 잘 알고 있는 문제인 경우 자신과 다른 의견에 대해 이의가 있을 수 있다. 하지만 주의할 것은 면접에서 면접관이나 다른 지원자와 가치 논쟁을 할 필요는 없다는 것이며 오히려 불이익을 당할 수도 있다. 정답이 정해져 있지 않은 경우에는 가치관이나 성장배경에 따라 문제를 받아들이는 태도에서 답변까지 충분히 차이가 있을 수 있으므로 굳이 면접관이나 다른 지원자의 가치관을 지적하고 고치려 드는 것은 좋지 않다.

ⓒ **답변은 항상 정직해야 한다.** : 면접이라는 것이 아무리 지원자의 장점을 부각시키고 단점을 축소시키는 것이라고 해도 절대로 거짓말을 해서는 안 된다. 거짓말을 하게 되면 지원자는 불안하거나 꺼림칙한 마음이 들게 되어 면접에 집중을 하지 못하게 되고 수많은 지원자를 상대하는 면접관은 그것을 놓치지 않는다. 거짓말은 그 지원자에 대한 신뢰성을 떨어뜨리며 이로 인해 다른 스펙이 아무리 훌륭하다고 해도 채용에서 탈락하게 될 수 있음을 명심하도록 한다.

ⓒ **경력직을 경우 전 직장에 대해 험담하지 않는다.** : 지원자가 전 직장에서 무슨 업무를 담당했고 어떤 성과를 올렸는지는 면접관이 관심을 둘 사항일 수 있지만, 이전 직장의 기업문화나 상사들이 어땠는지는 그다지 궁금해 하는 사항이 아니다. 전 직장에 대해 험담을 늘어놓는다든가, 동료와 상사에 대한 악담을 하게 된다면 오히려 지원자에 대한 부정적인 이미지만 심어줄 수 있다. 만약 전 직장에 대한 말을 해야 할 경우가 생긴다면 가능한 한 객관적으로 이야기하는 것이 좋다.

ⓡ **자기 자신이나 배경에 대해 자랑하지 않는다.** : 자신의 성취나 부모 형제 등 집안사람들이 사회·경제적으로 어떠한 위치에 있는지에 대한 자랑은 면접관으로 하여금 지원자에 대해 오만한 사람이거나 배경에 의존하려는 나약한 사람이라는 이미지를 갖게 할 수 있다. 따라서 자기 자신이나 배경에 대해 자랑하지 않도록 하고, 자신이 한 일에 대해서 너무 자세하게 얘기하지 않도록 주의해야 한다.

3 면접 질문 및 답변 포인트

(1) 가족 및 대인관계에 관한 질문

① **당신의 가정은 어떤 가정입니까?**
면접관들은 지원자의 가정환경과 성장과정을 통해 지원자의 성향을 알고 싶어 이와 같은 질문을 한다. 비록 가정 일과 사회의 일이 완전히 일치하는 것은 아니지만 '가화만사성'이라는 말이 있듯이 가정이 화목해야 사회에서도 화목하게 지낼 수 있기 때문이다. 그러므로 답변 시에는 가족사항을 정확하게 설명하고 집안의 분위기와 특징에 대해 이야기하는 것이 좋다.

② 아버지의 직업은 무엇입니까?

아주 기본적인 질문이지만 지원자는 아버지의 직업과 내가 무슨 관련성이 있을까 생각하기 쉬워 포괄적인 답변을 하는 경우가 많다. 그러나 이는 바람직하지 않은 것으로 단답형으로 답변하면 세부적인 직종 및 근무연한 등을 물을 수 있으므로 모든 걸 한 번에 대답하는 것이 좋다.

③ 친구 관계에 대해 말해 보십시오.

지원자의 인간성을 판단하는 질문으로 교우관계를 통해 답변자의 성격과 대인관계능력을 파악할 수 있다. 새로운 환경에 적응을 잘하여 새로운 친구들이 많은 것도 좋지만, 깊고 오래 지속되어온 인간관계를 말하는 것이 더욱 바람직하다.

(2) 성격 및 가치관에 관한 질문

① 당신의 PR포인트를 말해 주십시오.

PR포인트를 말할 때에는 지나치게 겸손한 태도는 좋지 않으며 적극적으로 자기를 주장하는 것이 좋다. 앞으로 입사 후 하게 될 업무와 관련된 자기의 특성을 구체적인 일화를 더하여 이야기하도록 한다.

② 당신의 장·단점을 말해 보십시오.

지원자의 구체적인 장·단점을 알고자 하기 보다는 지원자가 자기 자신에 대해 얼마나 알고 있으며 어느 정도의 객관적인 분석을 하고 있나, 그리고 개선의 노력 등을 시도하는지를 파악하고자 하는 것이다. 따라서 장점을 말할 때는 업무와 관련된 장점을 뒷받침할 수 있는 근거와 함께 제시하며, 단점을 이야기할 때에는 극복을 위한 노력을 반드시 포함해야 한다.

③ 가장 존경하는 사람은 누구입니까?

존경하는 사람을 말하기 위해서는 우선 그 인물에 대해 알아야 한다. 잘 모르는 인물에 대해 존경한다고 말하는 것은 면접관에게 바로 지적당할 수 있으므로, 추상적이라도 좋으니 평소에 존경스럽다고 생각했던 사람에 대해 그 사람의 어떤 점이 좋고 존경스러운지 대답하도록 한다. 또한 자신에게 어떤 영향을 미쳤는지도 언급하면 좋다.

(3) 학교생활에 관한 질문

① 지금까지의 학교생활 중 가장 기억에 남는 일은 무엇입니까?

가급적 직장생활에 도움이 되는 경험을 이야기하는 것이 좋다. 또한 경험만을 간단하게 말하지 말고 그 경험을 통해서 얻을 수 있었던 교훈 등을 예시와 함께 이야기하는 것이 좋으나 너무 상투적인 답변이 되지 않도록 주의해야 한다.

② 성적은 좋은 편이었습니까?

면접관은 이미 서류심사를 통해 지원자의 성적을 알고 있다. 그럼에도 불구하고 이 질문을 하는 것은 지원자가 성적에 대해서 어떻게 인식하느냐를 알고자 하는 것이다. 성적이 나빴던 이유에 대해서 변명하려 하지 말고 담백하게 받아드리고 그것에 대한 개선노력을 했음을 밝히는 것이 적절하다.

③ 학창시절에 시위나 집회 등에 참여한 경험이 있습니까?

기업에서는 노사분규를 기업의 사활이 걸린 중대한 문제로 인식하고 거시적인 차원에서 접근한다. 이러한 기업문화를 제대로 인식하지 못하여 학창시절의 시위나 집회 참여 경험을 자랑스럽게 답변할 경우 감점요인이 되거나 심지어는 탈락할 수 있다는 사실에 주의한다. 시위나 집회에 참가한 경험을 말할 때에는 타당성과 정도에 유의하여 답변해야 한다.

(4) 지원동기 및 직업의식에 관한 질문

① 왜 우리 회사를 지원했습니까?

이 질문은 어느 회사나 가장 먼저 물어보고 싶은 것으로 지원자들은 기업의 이념, 대표의 경영능력, 재무구조, 복리후생 등 외적인 부분을 설명하는 경우가 많다. 이러한 답변도 적절하지만 지원 회사의 주력 상품에 관한 소비자의 인지도, 경쟁사 제품과의 시장점유율을 비교하면서 입사동기를 설명한다면 상당히 주목 받을 수 있을 것이다.

② 만약 이번 채용에 불합격하면 어떻게 하겠습니까?

불합격할 것을 가정하고 회사에 응시하는 지원자는 거의 없을 것이다. 이는 지원자를 궁지로 몰아넣고 어떻게 대응하는지를 살펴보며 입사 의지를 알아보려고 하는 것이다. 이 질문은 너무 깊이 들어가지 말고 침착하게 답변하는 것이 좋다.

③ 당신이 생각하는 바람직한 사원상은 무엇입니까?

직장인으로서 또는 조직의 일원으로서의 자세를 묻는 질문으로 지원하는 회사에서 어떤 인재상을 요구하는 가를 알아두는 것이 좋으며, 평소에 자신의 생각을 미리 정리해 두어 당황하지 않도록 한다.

④ 직무상의 적성과 보수의 많음 중 어느 것을 택하겠습니까?

이런 질문에서 회사 측에서 원하는 답변은 당연히 직무상의 적성에 비중을 둔다는 것이다. 그러나 적성만을 너무 강조하다 보면 오히려 솔직하지 못하다는 인상을 줄 수 있으므로 어느 한 쪽을 너무 강조하거나 경시하는 태도는 바람직하지 못하다.

⑤ 상사와 의견이 다를 때 어떻게 하겠습니까?

과거와 다르게 최근에는 상사의 명령에 무조건 따르겠다는 수동적인 자세는 바람직하지 않다. 회사에서는 때에 따라 자신이 판단하고 행동할 수 있는 직원을 원하기 때문이다. 그러나 지나치게 자신의 의견만을 고집한다면 이는 팀원 간의 불화를 야기할 수 있으며 팀 체제에 악영향을 미칠 수 있으므로 선호하지 않는다는 것에 유념하여 답해야 한다.

⑥ 근무지가 지방인데 근무가 가능합니까?

근무지가 지방 중에서도 특정 지역은 되고 다른 지역은 안 된다는 답변은 바람직하지 않다. 직장에서는 순환 근무라는 것이 있으므로 처음에 지방에서 근무를 시작했다고 해서 계속 지방에만 있는 것은 아님을 유의하고 답변하도록 한다.

(5) 여가 활용에 관한 질문

① 취미가 무엇입니까?

기초적인 질문이지만 특별한 취미가 없는 지원자의 경우 대답이 애매할 수밖에 없다. 그래서 가장 많이 대답하게 되는 것이 독서, 영화감상, 혹은 음악감상 등과 같은 흔한 취미를 말하게 되는데 이런 취미는 면접관의 주의를 끌기 어려우며 설사 정말 위와 같은 취미를 가지고 있다하더라도 제대로 답변하기는 힘든 것이 사실이다. 가능하면 독특한 취미를 말하는 것이 좋으며 이제 막 시작한 것이라도 열의를 가지고 있음을 설명할 수 있으면 그것을 취미로 답변하는 것도 좋다.

② 술자리를 좋아합니까?

이 질문은 정말로 술자리를 좋아하는 정도를 묻는 것이 아니다. 우리나라에서는 대부분 술자리가 친교의 자리로 인식되기 때문에 그것에 얼마나 적극적으로 참여할 수 있는 가를 우회적으로 묻는 것이다. 술자리를 싫어한다고 대답하게 되면 원만한 대인관계에 문제가 있을 수 있다고 평가될 수 있으므로 술을 잘 마시지 못하더라도 술자리의 분위기는 즐긴다고 답변하는 것이 좋으며 주량에 대해서는 정확하게 말하는 것이 좋다.

(6) 여성 지원자들을 겨냥한 질문

① 결혼은 언제 할 생각입니까?

지원자가 결혼예정자일 경우 기업은 채용을 꺼리게 되는 경향이 있다. 업무를 어느 정도 인식하고 수행할 정도가 되면 퇴사하는 일이 흔하기 때문이다. 가능하면 향후 몇 년간은 결혼 계획이 없다고 답변하는 것이 현실적인 대처 요령이며, 덧붙여 결혼 후에도 일하고자 하는 의지를 강하게 내보인다면 더욱 도움이 된다.

② 만약 결혼 후 남편이나 시댁에서 직장생활을 그만두라고 강요한다면 어떻게 하겠습니까?

결혼적령기의 여성 지원자들에게 빈번하게 묻는 질문으로 의견 대립이 생겼을 때 상대방을 설득하고 타협하는 능력을 알아보고자 하는 것이다. 따라서 남편이나 시댁과 충분한 대화를 통해 설득하고 계속 근무하겠다는 의지를 밝히는 것이 좋다.

③ 여성의 취업을 어떻게 생각합니까?

여성 지원자들의 일에 대한 열의와 포부를 알고자 하는 질문이다. 많은 기업들이 여성들의 섬세하고 꼼꼼한 업무능력과 감각을 높이 평가하고 있으며, 사회 전반적인 분위기 역시 맞벌이를 이해하고 있으므로 자신의 의지를 당당하고 자신감 있게 밝히는 것이 좋다.

④ 커피나 복사 같은 잔심부름이 주어진다면 어떻게 하겠습니까?

여성 지원자들에게 가장 난감하고 자존심상하는 질문일 수 있다. 이 질문은 여성 지원자에게 잔심부름을 시키겠다는 요구가 아니라 직장생활 중에서의 협동심이나 봉사정신, 직업관을 알아보고자 하는 것이다. 또한 이 과정에서 압박기법을 사용해 비꼬는 투로 말하는 수 있는데 이는 자존심이 상하거나 불쾌해질 때의 행동을 알아보려는 것이다. 이럴 경우 흥분하여 과격하게 답변하면 탈락하게 되며, 무조건 열심히 하겠다는 대답도 신뢰성이 없는 답변이다. 직장생활을 위해 필요한 일이면 할 수 있다는 정도의 긍정적인 답변을 하되, 한 사람의 사원으로서 당당함을 유지하는 것이 좋다.

(7) 지원자를 당황하게 하는 질문

① 성적이 좋지 않은데 이 정도의 성적으로 우리 회사에 입사할 수 있다고 생각합니까?

비록 자신의 성적이 좋지 않더라도 이미 서류심사에 통과하여 면접에 참여하였다면 기업에서는 지원자의 성적보다 성적 이외의 요소, 즉 성격·열정 등을 높이 평가했다는 것이라고 할 수 있다. 그러나 이런 질문을 받게 되면 지원자는 당황할 수 있으나 주눅 들지 말고 침착하게 대처하는 면모를 보인다면 더 좋은 인상을 남길 수 있다.

② 우리 회사 회장님 함자를 알고 있습니까?

회장이나 사장의 이름을 조사하는 것은 면접일을 통고받았을 때 이미 사전 조사되었어야 하는 사항이다. 단답형으로 이름만 말하기보다는 그 기업에 입사를 희망하는 지원자의 입장에서 답변하는 것이 좋다.

③ 당신은 이 회사에 적합하지 않은 것 같군요.

이 질문은 지원자의 입장에서 상당히 곤혹스러울 수밖에 없다. 질문을 듣는 순간 그렇다면 면접은 왜 참가시킨 것인가 하는 생각이 들 수도 있다. 하지만 당황하거나 흥분하지 말고 침착하게 자신의 어떤 면이 회사에 적당하지 않는지 겸손하게 물어보고 지적당한 부분에 대해서 고치겠다는 의지를 보인다면 오히려 자신의 능력을 어필할 수 있는 기회로 사용할 수도 있다.

④ 다시 공부할 계획이 있습니까?

이 질문은 지원자가 합격하여 직장을 다니다가 공부를 더 하기 위해 회사를 그만 두거나 학습에 더 관심을 두어 일에 대한 능률이 저하될 것을 우려하여 묻는 것이다. 이때에는 당연히 학습보다는 일을 강조해야 하며, 업무 수행에 필요한 학습이라면 업무에 지장이 없는 범위에서 야간학교를 다니거나 회사에서 제공하는 연수 프로그램 등을 활용하겠다고 답변하는 것이 적당하다.

⑤ 지원한 분야가 전공한 분야와 다른데 여기 일을 할 수 있겠습니까?

수험생의 입장에서 본다면 지원한 분야와 전공이 다르지만 서류전형과 필기전형에 합격하여 면접을 보게 된 경우라고 할 수 있다. 이는 결국 해당 회사의 채용 방침상 전공에 크게 영향을 받지 않는다는 것이므로 무엇보다 자신이 전공하지는 않았지만 어떤 업무도 적극적으로 임할 수 있다는 자신감과 능동적인 자세를 보여주도록 노력하는 것이 좋다.

02 면접기출

1 새마을금고 면접기출

새마을금고의 면접은 자기소개서 위주의 질문이 많으나, 전공이나 직무, 최근 사회적 이슈에 대한 질문이 이루어지기도 하니 그에 대한 준비도 필요하다.

① 1분간 자기소개를 해 보시오.

② 전공과 관련하여 진행했던 프로젝트 등에 대해 말해 보시오.

③ 초등학생 조카에게 이순신 장군에 대해 설명한다고 생각하고 말해 보시오.

④ 새마을금고와 시중은행의 차이에 대해 설명해 보시오.

⑤ 제1금융권과 제2금융권과의 차이에 대해 설명해 보시오.

⑥ 촛불집회에 대해 어떻게 생각하는지 자신의 의견을 말해 보시오.

⑦ 업무 중 화가 난 고객을 상대해야 한다면 어떻게 대처할 것인지 말해 보시오.

⑧ 새마을금고에서 지원자를 뽑아야 하는 이유에 대해 이야기해 보시오.

⑨ 새마을금고를 이용해 본 경험에 대해 말해 보시오.

⑩ 금융권에 취업하려는 이유에 대해 말해 보시오.

⑪ 새마을금고에 대해서 아는 대로 말해 보시오.

⑫ 취미는 무엇입니까?

⑬ 입사 후 금융 상품 판매 등 실적에 대한 압박이 있을 경우 어떻게 대처할 것인지 말해 보시오.

⑭ 새마을금고에서 고객을 부르는 호칭이 무엇인지 말해 보시오.

⑮ 공제와 보험의 차이에 대해 말해 보시오.

금융권 면접기출

(1) 국민은행

① 면접

    ㉠ 아르바이트하면서 인상 깊었던 손님이 있습니까?

    ㉡ 평소 고객으로서 국민은행에 바라는 점은 무엇인가요?

    ㉢ 자신의 장·단점에 대해 말씀해보세요.

    ㉣ G20에서 금리를 인상해야 한다는 의견을 발표한 현 상황에서 한국은 콜금리를 인상하는 것이 좋은가?

    ㉤ 원화 가치 상승 문제에 대해 어떻게 생각하십니까?

    ㉥ 녹색금융과 관련하여 금융상품을 제안해보세요.

    ㉦ Y세대를 공략하는 새로운 카드 컨셉과 제휴사를 제안해보세요.

    ㉧ PB가 되고 싶다고 했는데, KB에서 어떤 PB가 되고 싶은가요?

    ㉨ 봉사활동을 많이 한 것 같은데, 그 중 가장 기억에 남는 것은 무엇인가요?

    ㉩ 원래 은행원이 되고 싶은 게 아니라 갑자기 준비한 것 아닌가요?

    ㉪ 상사에게 부당한 일을 당한 적이 있으면 말씀해보세요.

    ㉫ 국민은행 하면 떠오르는 것이 무엇입니까?

② PT면접

    ㉠ Y세대를 겨냥한 새로운 제휴처를 생각해 보고 전략을 세워보시오.

    ㉡ 이색 금융상품 혹은 서비스 아이디어를 제시하시오.

    ㉢ 레프킨이 노동의 종말을 예상하였는데 노동의 종말시기가 오면 은행원은 일자리를 잃을 것인가? 아니면 역할이 어떻게 변화될 것인가?

    ㉣ 윤리경영/디자인경영/지식경영의 의의와 국민은행에 어떻게 적용시켜 활용할 것인지에 대한 방안을 제시하시오.

(2) 신한은행

① 면접

    ㉠ 타행에서 인턴이나 근무한 적이 있다면 타행이 신한과 어떤 부분에서 다른지 말씀해 보세요.

    ㉡ 신한이 왜 당신을 뽑아야 하는지를 설명해보세요.

ⓒ 은행원이 가져야 할 품성은 무엇입니까?

ⓔ 신한은행 영업점을 방문해서 느꼈던 점이 무엇입니까?

ⓜ 은행관련 전공이 아닌데, 신한은행에 입행하기 위해 어떤 노력을 하였습니까?

ⓗ 다른 지원자들과 차별되는 자신만의 장점은 무엇입니까?

ⓢ 상사와의 갈등을 어떻게 해결할 것입니까?

ⓞ 희망지역이 아닌 다른 지점에 발령받으면 어떻게 할 것입니까?

ⓩ 졸업 후 어디에 구직활동을 하였습니까?

ⓒ 외국어로 자기소개 또는 본인을 택해야 하는 이유를 이야기해 보세요.

② PT면접

ⓐ 신한은행의 IB전략을 제시하시오.

ⓑ 해외기업 고객 유치를 위한 마케팅 전략을 제시하시오.

ⓒ 대면, 비대면 채널 강화를 위한 전략을 제시하시오.

ⓓ 점심시간 고객들의 대기시간을 줄이기 위한 전략을 제시하시오.

ⓔ 지점 두 개가 통합됐다. 고객이탈을 방지하기 위한 마케팅 전략을 제시하시오.

ⓕ 녹색금융 마케팅 전략을 제시하시오.

(3) 우리은행

① 면접

ⓐ 사람들과 친해지는 자신만의 노하우를 말씀해보세요.

ⓑ 자산관리사가 되고 싶다고 했는데 PB가 뭐하는지 아나요?

ⓒ 증권 PB와 은행 PB의 차이점에 대해 말씀해보세요.

ⓓ 우리은행의 가치가 무엇입니까?

ⓔ 미소금융, 녹색금융상품 중 우리가 파는 상품에 대해 알고 계십니까?

② PT면접

ⓐ 우리은행의 지속적 발전 방향을 제시하시오.

ⓑ 성공적인 인적네트워크를 만드는 방법을 제시하시오.

ⓒ 신입사원의 이직 비율을 낮추는 방안을 제시하시오.

ⓓ 은행과 카드의 시너지 효과 방안을 제시하시오.

ⓔ 40대 남성의 포트폴리오 전략을 제시하시오.

(4) 하나은행

① 면접

    ㉠ 타 전공인데 왜 은행에 지원했나요?

    ㉡ 까다로운 고객에게 어떻게 대처할 것입니까?

    ㉢ 입행 후 최종 목표가 무엇입니까?

    ㉣ 하나은행에 대한 이미지 하면 떠오르는 것 10초간 말씀해보세요.

    ㉤ 은행원이 주식을 하는 것에 대한 생각을 말씀해보세요.

    ㉥ MMF/서브프라임모기지/방카슈랑스/더블딥/BIS에 대해서 설명해보세요.

    ㉦ 은행에서 가장 필요한 자질이 무엇입니까?

② PT면접

    ㉠ 기업이미지 제고 방안과 효과에 대해 설명하시오.

    ㉡ 트위터 열풍에 대한 견해와 우리사회에 미칠 영향을 설명하시오.

    ㉢ 10억을 준다면 자산구성을 해보시오.

    ㉣ 부동산 문제와 향후 대책을 제시하시오.

    ㉤ 은행 신규 고객 유치 방안을 제시하시오.

    ㉥ 하나은행의 새로운 수익 창출 방안을 제시하시오.

MEMO

MEMO

서원각이 취업을 찢었다!

봉투모의고사 **찐!5회** 횟수로 플렉스해 버렸지 뭐야 ~

서울시설공단 봉투모의고사(일반직)

광주도시철도공사 봉투모의고사(업무직)